우울했다. 잠깐 울적하다 말 일이 아닌 것 같았다.

단단한 무언가가 뿌리를 내린 느낌이었다.

이렇게 주저앉아 있는 건 나답지 않다고 생각했다.

일어서고 싶었다.

정재이

프리랜서 영한 번역가.
일상에서 포착한 소재들로
글 짓는 것을 좋아한다. 전자
책 〈런던에서 보낸 일주일〉과
〈번역가로 지내는 중입니다〉,
〈HOW ARE YOU TODAY〉,
〈2년 만에 비행기 모드 버튼
을 눌렀다〉를 썼다.

@jaeitamin_

* 이 책은 2022년 11월 7일에 발행 번호 없이 인쇄하여 서울퍼블리셔스테이블2022에서 처음 공개했던 〈내가 사랑한 화요일〉의 증보판이다. 발행 번호를 입힌 것으로는 본 책이 초판이며, 오리지널 인쇄본의 존재를 기념하기 위해 전작의 발행 일자도 맨 뒷장에 기재했다.
* 이 책에 실린 인물에 대한 설명과 대화 내용은 글의 흐름을 위해 일부 각색되었다.

내가 사랑한 화요일

정재이

들어가며

상담소는 이해해야 할 것들투성이었다.

내가 예민한 편이라는 것, 생각 이상으로 세속적 가치를 중요하게 여기고 있다는 것, 자존감이 낮아진 지금의 상태에서 나와야 한다는 것 등. 몇 가지는 인정할 수 있었고 몇 가지는 인정할 수 없었다.

11월 초 웹사이트를 통해 상담소 문을 처음 두드렸다. 우울하기 좋은 시기였다고 생각한다. 흘러가는 시간을 붙잡을 수 없다는 상실감, 갈수록 짧아지는 해, 앙상해진 나뭇가지, 차가운 공기, 안정과는 거리가 먼 듯한 월세 살이의 현실, 꼼짝없이 한 살 더 먹고 말게 될 거라는 두려움, 코로나19가 주는 무력감까지. 이때의 기분을 색깔로 표현한다면 잿빛 섞인 주황, 거무스레한 느낌이 드는 오묘한 다홍색에 가깝다.

온몸으로 계절과 마음의 변화를 느끼고 있던 당시의 나는 노트북 화면에 상담 신청서 페이지를 띄워놓고 한참을 울다가 미친 사람처럼 분노의 타이핑을 시전하며 무언가를 썼다가 갑자기 박차고 일어나 그 자리를 떠났다가 다시 돌아오기를 반복했다. 제출 버튼 앞에서 몇 번을 망설였다. 요즘처럼 불안 안정제를 먹고 상담을 다니는 일이 흔한 시기도 없을 텐데. 두려웠다. 나는 감정 변화가 있는 사람이라는 걸, 남들 모르게 우울함을 간직한 사람이라는 걸 낯선 이에게 털어놓는 일이 과연 괜찮은 것인지 확신할 수 없어서 그랬다. 모든 것을 내려놓고 시원해지고 싶은 마음과 평가당하고 말 것이라는 걱정이 공존했다. 상담소의 문턱을 넘는 일은 생각 이상으로 어려웠다. 남들이 상담을 다닌다고 할 때 아무렇지 않은 척 응원의 말을 건넸던 과거의 내가 가증스럽게 느껴졌다. 막상 내 일이 되니 한 발자국도 떼지 못하고 있는 주제에.

아직은 무더운 초가을 오후에 이 글을 쓰고 있다. 그리고 지금으로부터 2개월이 지나면 상담소에 첫발을 들인 지 1년이 된다. 다만 코로나 감염, 휴가 및 출장으로 인해 상담을 매번 가지는 못했고, 얼마 전에 30회 차 상담을 다녀왔으니 상담을 한 기간만 정확히 따지면 약 7개월이 된다. 누군가에 비하면 짧은 기간일 것이다. 별것도 아닐 것이다. 하지만 어언 1년간 상담소를 오갔던 나에게는 감회가 새롭다. 추운 겨울에 상담소를 찾아갔다가 눈 깜짝할 새 봄을 맞았고, 꽃 피는 아름다운 세상 풍경과 그렇지 못한 내 마음속 세계를 비교하며 좌절하던 때, 내가 가장 싫어하는 삼복더위를 맞았다. 겨우 더위를 견디었더니 이제는 단풍이 들기 시작한 나무 아래서 붕어빵 아저씨가 장사를 한다.

여러 계절을 지나는 동안 나는 상담을 통해 힘을 얻었고, 좌절했고, 때론 속상했으며, 어떤 때는 세상을 강하게 비난했다. 코로나로 인해 3주 연속으로 상담을 하지 못하게 된 날에는 오히려 그리워하기도 했다. 마침내 나는 이 혼란스러운 기분을 '사랑'이라 정의했다. 이 행위를 사랑하지 않았다면 이렇게나 다양한 감정을 마주했을 리 없다. 그렇게나 꾸준히 그 자리에 나갔을 리 없다. 침 튀기며 내 이야기를 쏟아냈을 리 없고 세상을 잃은 듯 울어댔을 리 없다. 어느새 나는 이 시간을 사랑하게 됐다.

몇 번의 화요일(매주 상담을 받는 요일)을 더 거쳐야 괜찮아질지는 잘 모르겠다. 그러나 나는 조금 더 가볍고 단순해졌다. 다른 누구도 아닌 나 자신에게 솔직해져 가고 있다. 조급과 불안 속에서 나를 단단히 빚어가고 있다. 물론 아직도 의자에 앉아 나의 이야기를 할 때면 눈물이 난다. 뭐가 그렇게 서러워서 눈물이 나는지 모르겠다. 하지만 울음을 막지 않는다. 코도 푼다. 그러다 또 운다. 약속한 시간이 다 되면 머릿속에 가득한 물음표를 느낌표로 바꾸고 싶다는 작은 소망을 가지고 문밖을 나선다. 이 과정을 되풀이하는 화요일이, 사랑스럽다.

이 책은 여러 번의 화요일을 거치며 있었던 일들을 기록한 나의 우울 일지이자 성장 일지다.

목차

들어가며 · 10

화요일오후2시 · 16

묵은감정찾기 · 20

잘산다는건누가정하는것인가 · 30

S에게(1) · 36

내앞에서우울증걸릴것같다고말하지마 · 40

불완전한독립(1) · 46

불완전한독립(2) · 56

내가사랑에실패하는이유 · 62

관계의균형 · 72

나에게덜집중할때 · 82

S에게(2) · 86

행복한뜻밖 · 90

소진된이가바라보는정경 · 96

경계와포기 · 102

운다고달라지는일이하나있다면 · 106

종결을생각하며 · 110

나가며 · 114

증보판에보태는글 · 116

화요일 오후 2시

태어나 처음 가 본 상담소는 어릴 적 엄마 손을 붙잡고 방문했던 이름 모를 피아노 학원을 닮아 있었다. 그리 넓지 않은 공간에 대기실 겸 휴게실, 직원 사무실, 방 몇 개가 있었고 각각의 작은 방 안에서 한 명의 상담사가 앉아 내담자를 기다리고 있었다. 그 모습을 보고 무의식 어딘가에 있는 피아노 학원에서의 추억을 떠올린 것 같다. 차분한 민트빛 벽지로 둘러싸인 방 안의 크기는 많아야 다섯 명이 둘러앉을 수 있는 정도였고 햇빛이 잘 드는 작은 창이 하나 있었다.

　　몇 번을 다녀오고 나서 파악한 루틴은 이랬다. 이곳에서 나는 상담사에게 어떻게 지냈는지 설명하고, 그걸 들은 상담사는 나에게 질문을 하거나 나의 이야기를 듣고 생각한 내용을 말해준다. 그 이야기를 들은 내가 질문할 것이 있다면 상담사에게 묻고, 그렇지 않으면 다음 시간까지 이렇게 저렇게 해보는 것이 좋겠다는 조언을 듣고 자리를 일어난다. 같은 요일, 같은 시각, 같은 공간에서 이러한 행위를 되풀이할 때마다 고사리 손으로 열심히 피아노를 두들기던 시절의 향수가 밀려들었다. 상담실 안에는 피아노는커녕 어린이용 아코디언 하나 없었지만 혼자서 연습장에 그려진 포도알의 분량만큼 열심히 피아노를 치고, 선생님을 불러 검사를 받고, 잘 풀리지 않는 구간을 같이 쳐 본 뒤에는 간단한 주의 사항을 듣고 나오던, 학원에서의 하루와 상담실에서의 하루가 비슷하다고 느꼈다. 그냥 벽지가 예스러워서 그랬을지도 모르지만.

첫 상담은 화요일 오후 2시였다. 그날 무슨 이야기를 했던가… 사실 운 것밖에 생각나지 않는다. 일단 약속 시간에 늦었다. 나름 시간 맞춰 집에서 나왔는데 아슬아슬하게 정각에 도착해서 다급히 상담소에 들어갔던 것 같다. 가는 길에는 무슨 이야기부터 어떻게 시작하면 좋을까 고민했고, 격한 감정을 담아 신청서를 썼던 날 이후로 2주가 지난 상황이라 막상 부질없는 짓을 한 건 아닌가 싶기도 했다(상담사와 내담자의 일정을 맞춰야 해서 매칭까지 최소 한 달이 걸릴 수 있는데 나는 빠르게 매칭이 된 편이라고 했다). 또, 그때 기분이 좋지 않았던 것은 생리 때문이 아니었을까 추측하기도 했다. 정말 그런 것이라면 지금은 호르몬에 놀아나고 있지 않으니 첫 상담이 마지막 상담이 될 수도 있겠다는 생각을 했다. 그러나 약속 시간을 5분 앞두고 상담소 코앞 사거리에서 신호에 걸리는 바람에, 앞서 말한 잡생각들은 순식간에 날아갔고, 급한 마음에 주차 후 차 바퀴 돌려두는 것도 까먹고 헐레벌떡 뛰쳐 들어갔던 기억이 난다.

첫 시간 답게 간략히 서로를 소개하는 시간을 가졌다. 그리고 마음의 상태가 어떠냐는 질문을 듣고 내 이야기를 꺼내려는 순간 울음이 터졌다. 그 이후로 계속 울었다(이 또한 첫 시간다운 것 같다). 오는 길에

'이제 괜찮은 것 같다'고 생각했던 것이 창피할 정도였다. 우는 동안에는 나를 비관하는 말을 무수히 쏟아냈다. 무엇 하나 이루지 못했고, 가지지 못했고, 미래에도 무엇 하나 이루거나 가질 수 있다는 소망이 없으며, 내 존재가 너무나 무용하게 느껴져 부모의 얼굴을 보는 일도 버겁다고 말했다. 내 삶은 모두가 말하는 완성에 가깝지도 않고 늘 모자라기만 한 것 같다고.

한편으로는 나처럼 도전적이고 정신력이 강하고 맡은 바에 최선을 다하면서 열심히 지냈을 뿐인 사람이 경도 우울 증세를 보인다는 사실이 믿을 수 없다고 말했다. 상담소 홈페이지에 있던 자가 진단 결과일 뿐이지만 믿고 싶지 않고, 그로 인해 기분이 나쁘다고도 말했다. 한마디에 눈물 한 줄이, 또 다른 한마디에 콧물 한 줄이 흘렀다. 나는 생전 처음 보는 사람 앞에서 있는 힘껏 속상함을 터뜨렸다.

그렇게 첫 상담은 허무하게 끝이 났다. 울기만 했을 뿐인데 말이다. 하지만 확실히 알 수 있었다. 나는 더 이상 우울하지 않은 것이 아니었고, 이는 생리와 관계가 없었으며, 그날의 상담은 마지막 상담이 되지 못했다. 이제 겨우 단단한 마음의 뿌리를 어루만졌을 뿐이었다.

묵은감정찾기

세 번째 상담일까지도 나는 울기만 했다. 정확히는 눈물과 콧물을 흘리며 목까지 가득 차 있던 감정들을 토해내느라 바빴다. 마치 지금이 아니면 평생 울 수 없는 저주에 걸려서, 기회를 놓칠세라 울기로 작정한 사람 같았다. 1회당 상담 시간은 50분이었는데 이 중 약 40분을 내가 우는 데 사용하는 바람에 상담사는 피드백 또는 질문을 할 시간을 제대로 확보하지 못할 정도였다.

셋째 날까지 가만히 이야기를 들어주던 그는 내 마음이 단단하게 뭉쳐 있는 것 같다고 말했다. 지금껏 내가 말한 것들이 어쩌면 나에게 큰 우울감을 주지 않을 만한 일들일 수 있는데, 그것을 구별하기 어려울 정도로 감정에 지배당하고 있는 것 같다고. 즉, 여러 요소들이 하나의 공간에 꾹꾹 눌러 담겨서 거대한 우울덩어리를 형성하고 있어 어느 부분에서 가장 크게 상실감을 느끼는지 알지 못하는 상황이라 쉽게 과민해지고 우울해지는 것 같다고 말했다. 스트레스를 받지 않고 살아간다는 것은 불가능에 가깝지만 당신에게 아주 약간의 신경 쓰임을 유발할 정도의 문제들이 다른 거대한 문제와 딱 붙어 있다 보니, 마치 전류가 흐르듯 그쪽에도 자극이 가해지는 게 아닐까 싶다고.

더불어 내가 자주 사용하는 표현이 있는데 그것이 마음에 남는다고 했다. '그들은 다 가지고 있다'라는 말이라고 했다. 내가 그런 말을 했단다.

"하는 일 마다 다 잘 되더라고요. 다 가졌어요. 돈도 잘 벌고 든든한 배우자도 있고 애도 낳아서 가정도 이뤘고 그래서 부모님께 효도했고 시련 하나 없이 행복하고 즐거워 보이고... 어떤 사람은 저보다 일도 늦게 시작했는데 더 잘 나가더라고요. 맨날 저만 2프로 부족하죠. 이런 생각이 계속 돌고 도니까 마음이 작아지고 기분도 가라앉아요. 다들 참 탄탄대로예요. 그러고 보니 어떤 사람은 이래저래 자유롭게 살다가 누군가를 만나 안정된 가족을 꾸리고, 집도 어찌어찌 마련하고, 장애물 없이 그냥 순조롭게 잘 살고 있는 걸 보면 왜 나는 이럴까 싶고... 글도 잘 쓰고... 다 가졌잖아요. 저만 뒤꽁무니 쫓느라 바빠요.

제 앞에 하나의 선이 그어져 있어요. OX 퀴즈를 할 때 그리는 선처럼요. 다들 저와 같은 쪽에 있었는데 어느샌가 다 반대편으로 넘어갔어요. 여기에 좀 더 같이 있을 거라고 생각했던 사람들마저 다 저쪽에 있어요. 저만 아무것도 없이 여기 머물러 있어요."

한껏 울고난 후 뭉쳐 있는 감정들을 하나씩 분리

해보자는 이야기를 들었다. 사실상 나를 힘들게 하고 있지 않은 일들을 솎아내고 정말로 문제가 되는 일들에 집중하기 위해서. 그래서 내가 반복적으로 말하고 있는 문제를 가족, 이성/결혼, 일로 대분류하고 그 문제에 대해 어떤 기분을 느끼는지 집중적으로 생각해보기로 했다. 어두운 밤의 삐에로 인형은 쳐다보기도 어려운 공포스러운 무언가가 될 수 있지만, 화창한 햇빛 아래에서라면 그저 우스꽝스러운 인형일 뿐인 것처럼, 이 중 적어도 한 가지는 별일이 아닐 수 있었다.

태블릿의 메모 앱을 켜고 솔직한 기분을 써 보기로 했다. 정말 솔직하게. 남 앞에서 눈물 콧물 다 흘리는 마당에 더 이상 숨길 체면도 없었다.

(뒷장의 내용은 실제 3회 상담을 받은 후, 4회 상담을 가기 전 카페에서 두서없이 쓴 메모다. 당시의 감정과 상태를 표현하기 위해 일부만 수정했다. 내용은 물론 주어와 서술어도 맞지 않을 수 있다)

가족

엄마아빠의 늙어가는 모습이 안쓰럽고 슬프다. 쓸쓸해하는 모습이 나때문인 것 같다.
카톡에 손주 프로필사진을 해둔 또래들이나
몇 안 되는 엄마 친구들에게서 온 청첩장을 볼 때면..
엄마도 그런 자리에 가면 할말이 없겠구나 싶었고.
형제자매라도 한 명 있었으면 이 부담이 완충될 텐데.
돈이라도 빵빵히 벌면 좀 나을까.
한때 엄마가 나에게 하는 말들이 모두 압박이었다.
내 시선에서는 살림을 안 해봐서 모르지라는 말들도 다 결혼을 안해서 아직 얘가 어른이 못 되서 사람이 덜 됐다는 뉘앙스로 가득 느껴졌다
누구 결혼식 간다고 하면 자꾸 남의 것만 가지 말라고 하는 것들이나...
엄마들은 다 그렇지라는 주변의 말을 이해하지 못하는 건 아니지만 머리로만 이해하고 가슴으로는 이해하지 못하는 내자신도 미안하고 싫다.
한번 엄마에게 나라고 안 만나고 싶냐고 엄마아빠보다 그 누구보다 내가 제일 좋은 사람 만나고 싶은 욕구가 그 누구보다 강한데 내맘대로 되지 않아 속상하고 힘들다고 했었다. 생일인 5월에도 비슷한 이야기를 장문의 카톡으로 전한 적이 있다. 그때 이후로는 많이 나아졌고 건강히 잘 지내자는 이야기를 주로 하지만 뭐 그래도 엄마는 내가 잘됐으

면 하는 마음이겠구나 싶어서 종종 나오는 아쉬운 뉘앙스의 이야기를 복잡하게 받아들이려 하지 않는 편인데. 잘 안 된다.

사랑

가장 어려운 파트인데. 제일 결핍이 크고 나를 작아지게 하는 부분이다.
가족과도 많이 연관되어 있는 것 같다.
근데 난 혼자만의 시간도 차암 좋아한단 말이지.
솔직히 말해 맘에 드는 사람 그러니까 호감이 가고 좋아하고 싶은 사람을 찾는 것이 무척 힘들고
그래서 나는 종종 이야기한다. 나는 나만 아무도 만나지 못할 거라는 믿음이 있다고.
프리랜서라는 새 직업에도 도전하고 그러면서 20대 후반 30대 초에 접어들며 여러 결혼식을 가고 연애 소식을 듣고
혼자 사는 것도 괜찮겠다 하면 엄마는 늘 아니라 한다.
단 한번도 이해해주지 않는 기분이다.
갈수록 소개팅도 무섭고 어렵다. 아는 언니는 그래도 네가 너에게 좋은 사람을 만날 기회를 줘야하지 않냐며 소개 제안이 오면 무조건 나가라는데 이제 겁이 난다. 또 연락을 해보고 만나보고 들어보고 발견해보려 하고 애쓰는 모든 것들이 지겹고 지겹다.

부모님에게 부채감을 갖고, 나 자신에게 속상한 마음을 갖는 건 이부분인 것 같다. 날 생각해서 하는 말이란 걸 알지만 때때로는 그냥 생각해주지 않는 건 어떨까도 싶고.

실제로 아이가 생겨 가정을 꾸린 아이들과는 만남도 어려워진다. 공통분모가 사라지고 나 혼자 남는 기분. 결국 만날 수 없게 되고, 나뉘어진다. 나도 비슷해지고 싶은데. 육아를 하고 싶고 가정을 꾸린다기 보다는 나도 비슷해지고 싶은데 그 발치만도 못가니까 우울한 것 같다.

일

나의 글쓰기는, 나의 언어 실력은, 나의 번역은 도대체 어디가 2% 부족한 걸까.
창작자로서 저 사람의 개성은 사랑을 받는데 왜 나의 개성은 그저그런 것들 중 하나일까.
이런 저런 걸 해볼까 한다 하면
모아둔 돈은 있냐 얼마나 저축하냐는 말부터 나오고

< 메모

지금까지 해온 것들은 그저 몽상가의 허우적거림이었다는 생각이 들었고
또 그런 평을 들은 것만 같아 마음이 좋지 않았다.
지금까지 애써온 것들이 세상 물정 모르는 철부지였다로 매듭지어지는 것이 싫다.
나보다 노련한 사람도 뛰어난 사람도 참 많다
나는 잘하고 있는 걸까
누가 나에게 잘하고 있다 말해주나
아직도 대단하고 유명한 커리어를 쌓지 못한 것 같다.
번역 실수를 하면 죽어야지 싶다.

이 모든 생각들이 똘똘 뭉쳐 너무 힘들고 어려울 때
살아서 뭐 하나라는 생각을 한 적이 있다.

그 다음 상담일에는 메모한 내용을 상담사에게 공유했다. 그의 앞에서 직접 쓴 메모를 하나씩 소리 내 읽었다. 그리고 각 문제를 백분율로 표시한다면 가족과 이성/결혼이 80퍼센트, 일은 20퍼센트 정도라고 말했다. 일의 경우 백분율로 따져 20퍼센트인 것이지, 가만히 생각해보니 크게 우울함을 주지 않는 편에 속했다. 일이 가진 불규칙성에 익숙해지기도 했고 잘하고 싶은 마음은 앞으로도 변함이 없을 거라서, 메모한 내용처럼 기분이 오르락내리락 할 때는 있어도 이로 인해 매일 우울하다 느끼지는 않기 때문이다. 실수가 발생하면 그 누구보다 자신에게 엄격하게 굴긴 하지만, 실수는 줄일 수 있음을 믿는다. 일 자체라기보다 일로 인해 타인에게 어떤 말을 듣게 된다든가 유쾌하지 않은 취급을 받게 될 때의 기분이 우울에 영향을 주는 것 같았다.

가족과 결혼의 문제가 내 안에 생각 이상으로 크게 자리하고 있었다. 메모를 보니 '해야 할 것이 있는데' 하지 못해서 혹은 해주지 못해서 힘들다고 생각하는 부분이 있어 보였다. 상담사도 단순히 가족의 구성원으로서 느끼는 책임감이 아니라 스스로 세운 기준과 가치관이 강하게 작용해 마음을 힘들게 하는 것 같다고 말했다. 우리는 앞으로 이 부분에 대해 중점적으로 이야기해보기로 했다.

잘산다는것은누가정하는것인가

잘 살고 있다.

어떻게 살아야 잘 사는 것일까. '어떻게'의 문제가 아니라면 답이 나올까? 바꿔보자. '어디서' 살아야, '언제' 살아야, '무엇과' 살아야 잘 사는 걸일까. 딱히 답이 나오는 것 같지 않다. 그럼, '무엇이 잘 사는 것일까.' 이 질문은 더 심오하다. 잘 산다는 문제와 관련되면 어느 것도 쉽지 않은가 보다.

나는 상담 때마다 '그들은 다 가졌다'는 말과 더불어 나만 빼고 '잘 살고 있다'는 표현을 자주 썼다. 다들 흔히 말하는 정석 코스를 밟아 취업에 성공하고 자연스럽게 누구를 만나 사랑하고 가정을 이루고 가족을 만들어 행복하게 잘 살고 있다고. 당신은 '잘 산다'는 표현을 많이 쓰는데, 그렇다면 당신에게 있어 무엇이 잘 사는 것이냐는 질문을 들으면 머뭇대다 바로 앞 문장에서 말한 것들을 나열하곤 했다. 나는, 내게 없는 것들을 가진 이들의 삶을 잘 사는 것이라 표현했다. 내게는 그것이 완성이었다. 그러자 그는 조감도(鳥瞰圖)를 생각해보자고 말했다. 조감도라. 그의 말을 따라 하늘을 나는 새에 잠시 빙의해보기로 했다.

바람을 타고 위로 올라간 다음 양 날개를 쭉 펴고 아래를 내려다본다(이 상상을 하는 것만으로 양 손바닥에 땀이 살짝 배어 나는 기분이다). 최대한 마음을 편안하게 먹고 바람에 몸을 맡긴 채 작아진 사람들을 구경하다 보니 세 사람이 눈에 들어온다.

세 사람 모두 골목에 있는 빵집을 향해 가는 중인데, 한 사람은 자동차를 타고(1번), 한 사람은 걸어서(2번), 또 다른 한 사람은 자전거를 타고(3번) 가고 있다. 1번은 차를 가지고 골목 안으로 들어갈 수가 없어 빵집에서 조금 떨어진 어느 길목에 차를 대고 내려서 걸어간다. 사실 1번은 2번과 3번보다 빵집 근처에 가장 먼저 도착했으나 주차 문제로 인해 두 사람 보다 접근 속도가 가장 늦다. 2번과 3번은 별다른 이슈가 없으니 지체 없이 빵집으로 간다. 그중 3번은 예상치 못하게 오르막길을 만났고 여기에 자전거까지 끌고 가느라 땀을 뻘뻘 흘렸지만 빵집에는 1등으로 도착해 원하는 빵을 샀다. 다만 온몸이 땀 범벅이고, 많이 지쳤다. 2번은 가는 길에 꽃집을 발견하곤 그곳에 들어가 구경을 하느라 아직 도착을 못 한 상태다. 그렇지만 뜻밖의 즐거움을 만끽하고 있는 듯하다.

새가 된 나는 각자의 방식대로 빵집에 가는 세 사람을 지켜본다. 목적지를 향해 가는 방법이 사람마다 다른 게 새삼 재밌다. 자동차를 가져온 사람에게 어차피 걸어야 하는데 왜 차를 가져 갔느냐 나무랄 이유도 없고, 자전거를 타고 온 사람이 빵을 차지했다며 박수를 치지도 않는다. 새의 입장에서 볼 때, 그들은 그저 자기 상황과 생각에 따라 빵집을 찾아갈 뿐이다. 1번과 2번은 3번보다 늦게 도착하는 바람에 원하는 빵을 사지 못할 수도 있다. 허탕을 쳤다는 마음에 실망할 수도 있다. 그러나 그들에게 빵집 방문 기회가 영영 사라진 것은 아니다. 근처를 다시 방문하게 될 때 들러볼 수도 있다. 혹은 비슷한 다른 빵집에 가기로 결정할 수도 있고, 스스로 재방문을 하지 않기로 마음먹을 수도 있다.

각자의 삶이 있고, 방법이 있다. 누군가는 이러한 모양으로 다른 누군가는 저러한 모양으로 목적지를 향해간다. 자기만의 길을 걸어간다. 빵집에 자동차를 가지고, 자전거를 타고, 걸어서 갈 수 있는 것처럼 삶의 모양은 다양하다. 틀린 것은 없다. 새가 보기에는 그렇다.

조감도에 대한 설명을 마친 그는 내게 물었다.

―"잘 산다는 건 누가 정하는 걸까요? 누가 누구 보고 잘 산다고 말할 수 있는 걸까요? 누가 당신에게 잘 사는 것은 이러한 것이라고 정해주었나요? 누가 당신에게 잘못 살고 있다고 하던가요? 그 사람이 하는 말을 믿을 건가요? 당신의 삶도 충분히 아름답지 않나요?

새는 당신을 내려다보며 잘못 살고 있다

고 말하지 않아요. 그저 살아가는 당신의 모습을 볼 뿐입니다. 새의 시선으로 당신의 삶을 보세요. 그 누구도 잘 살고 있음과 그렇지 않음을 정할 수 없어요."

일로 인한 어려움을 토로하자 그는 이 또한 조감도에 비추어 생각해보자며 조언을 건넸다.

―"그래요, 그 사람의 글이 더 많은 스포트라이트를 받을 순 있겠죠. 그러나 그 사람의 글이 정답은 아니에요. 그 사람은 당신의 글을 쓸 수 없어요. 오로지 당신만이 '나다운 글'을 쓸 수 있습니다."

한 사람은 자기만의 세계를 이루고 있다. 고로 우리는 매일 수십수백 개의 다른 세계와 만나고 교류한다. 우리는 비슷할 수 있지만, 분명하게 다르다. 당신은 당신의 길을, 나는 나의 길을 간다. 이 단순한 진리를 이해하지 못하면 삶은 낙망투성이다.

우리는 무의식 속에서 보편적으로 보이는 삶의 순서나 방향이 옳다고 생각하고 있을지 모른다. 또는 내 마음에 옳다고 생각되는 그림을 그리고, 그 그림에 가까이 다가가지 못하면 절망한다. 청사진을 그리고 그것을 실현하기 위한 과정 자체를 사랑하는 건 좋은 일이다. 청사진을 완벽하게 구현하지 못했다고 나 자신을 블랙쉽(blacksheep)이라 낙인을 찍는 것은 좋지 않은 일이다. 그것은 청사진을 절대적인 틀로 탈바꿈시킨다.

자욱한 안개가 걷히는 기분이었다. 누가 잘 산다는 것을 정할 수 있느냐고 묻던 그의 말은 마치 보물지도 같았다. 내가, 나의 삶이, 나의 생각이 잘못되지 않았다고 말해주는 듯한 그의 말에 기뻐했다. 대체 누가 나에게 내가 잘못 살고 있다고 말했던 걸까. 나 자신은 아니었을까.

깨달음은 시작일 뿐, 이제부터 스스로 정한 규범에서 천천히 벗어나는 연습을 해나갈 필요가 있어 보였다. 어두운 동굴 밖으로 나갈 길을 발견했으니, 넘어지고 무릎이 까지더라도 그곳까지 직접 걸어가는 것은 다른 누구도 아닌 내가 해야 할 일이었다.

S에게(1)

S에게.

요즘 어떻게 지내? 오늘은 너에게 내 이야기를 하고 싶은 기분이 들어서 펜을 들었어.

나 어제부터 상담소에 다니기로 했어. 사실 좀 우울했거든. 매주 화요일마다 가서 상담사랑 얘기하고 그래. 내 속을 터놓을 곳이 있다는 게 좋은 것 같아. 가족에게도 친구에게도 얘기하기 힘들 때가 있잖아. 간혹 고민을 터놓을 순 있어도 너무 자주 우울하단 얘기 꺼내면 좀 미안하기도 하고, 상대도 듣고 싶지 않아 할 수 있고. 나 때문에 분위기 우울해지니까. 그런 생각할 필요가 없는 건 좋긴 하더라.

그리고 '기꺼이 속아보는 마음'으로 임하고 있어. '기꺼이 믿어보는 마음'이라고 하는 게 좋으려나. 왜냐면 가끔 뻔한 이야기라고 느껴질 때가 있거든. 나 다 워져야 한다, 삶을 주체적으로 살아야 한다, 생각이나 걱정을 많이 하지 말아야 한다 같은 말 있잖아. 솔직히 집앞 도서관에 있는 심리책 빌려보면 다 써 있는 말들이야. 머리로는 다 알지. 이렇게저렇게 해야 인생 평온하고 편안하게 살 수 있다는 거.

덜 먹고 운동해야 살 빠지고 건강해지는 거, 우리도 잘 알잖아. 그거 몰라서 헬스장 등록하고 PT받는 거 아니잖아. 오히려 '그래, 열심히 다시 해 보자'

라고 다짐하지. 비슷한 원리랄까. 거기까지 가서 삐딱한 마음먹지 말고 긍정적으로 임해보는 건 어떨까 싶더라고. 잠언이 잠언인데는 이유가 있는 것처럼.

훌륭한 마음가짐인지는 잘 모르겠고, 그냥 가급적, 기꺼이 믿어보려고 해. 무슨 말이든.

그러고 보니 내일이 상담 날이구나.

이번에도 잘 다녀올게.

내앞에서우울증걸릴것같다고말하지마

상담소에 가는 일에 자부심을 느끼기도 했지만 열등감을 갖기도 했다. 적극적으로 나의 문제를 마주하고 이해하려는 모습에서 전자의 기분을, 내가 가진 사고방식이 나를 이렇게 만들었다는 사실에 후자의 감정을 가졌다.

늦봄에서 초여름으로 넘어가는 시기에 번아웃이 왔다. 사람이 싫었다. 정확히는 '말과 행동이 다른' 사람들이 싫었다. 왜 앞뒤가 다른 모습을 보이는지 이해할 수 없었다. 나에게 의지하는 사람들도 싫었다. 사람은 책임감을 가져야 한다고 배우며 컸는데 어떻게든 일을 맡지 않으려는 이들에게 화가 났다. 눈에는 눈이란 말처럼, 나도 똑같이 못하겠다 하면 될 텐데, 내가 거절하면 맡아줄 이를 찾아 떠도는 동료의 모습을 지나칠 수 없었고, 결국 사서 일하는 나를 보며 또 화가 났다. TV쇼에서 '그래서 해내면 안 된다'고 말하던 어느 가수의 말에 격하게 공감했다. 나는 이런 이들에게 대단히 질려 버렸다.

점차 활기를 잃어가던 때, 가장 견딜 수 없었던 건 앞서 나열한 사람들의 입에서 툭 하면 튀어나오는, 이러다 우울증 걸릴 것 같다는 말이었다. 그들은 내 앞에서 자신의 삶이 얼마나 불행하고 안쓰러운지 자랑했고 우울증 걸릴 것 같이 힘들지만 아름다운 자연과 맛있는 음식으로 이겨내고 있다는 식의 인스

타그램 스토리를 분주하게 올려댔다. 당시의 내 눈에는 그냥 원하는 만큼 징징거리고 돌아서자마자 자기가 무슨 말을 했는지 잊어버리는 부류들 같았다. 진짜 우울한 사람은 그런 거 올릴 힘도 없단다... 아니, 니가 뭘 아는데 우울증에 걸리네 마네 난리야.

이 시기의 나에게 '우울'이란 말하고 싶지만 말하고 싶지 않은 그런 이상한 단어였다. 직접 말하는 건 괜찮은데 남이 말하면 왠지 불편하고 숨겨뒀던 무언가를 들킨 것만 같았다. 비슷한 마음 상태에 있는 사람과 이야기하기엔 무척 재밌고 좋은 소재이지만 그렇지 않은 사람과 나누기에는 피하고 싶은 주제였다. 공감하지 못할 게 뻔하니까. 번아웃 증세로 흘려듣는 힘마저 잃어버리자 이 단어는 내 마음을 쏘아대는 거대한 폭탄으로 둔갑했다.

'아, 나도 출근하기 싫다. 진짜 우울증 걸릴 것 같아.'

'그냥 좀 힘들어요. 불안해서 어젯밤엔 가슴이 두근거리더라고요. 이러다 공황 오나 싶고...'

상대의 힘듦을 깎아내리고 싶은 마음은 전혀 없다. 그러나 매번 주말을 약속으로 꽉 채워 신나게 놀면서 평일/주말 없이 일하는 내게 '재택근무 수혜자'

딱지를 붙이는 듯한 태도나, 미래가 불안해서 잠을 못 자는데 반년 째 취업 활동은 안 하고 있다는 동네 동생의 말을 이해하는 건 어려웠다. 애들은 우울과 공황이 뭔지 알기는 하는 걸까? 마음이 넉넉하지 않으니 뭐든 곱게 들리지 않았다. 그리고 확실하게 선을 긋고 싶었다. 너의 우울과 나의 우울은 정확히 다른 부류란다. 나는 돈을 내고 상담을 다니며 우울에 진정으로 맞서고 있거든? 지금 네 눈앞에서 이 이야길 듣는 나야말로 진짜 우울증 걸릴 것 같고 공황 증세를 겪을 것 같은데 무슨 소릴 하는 거야, 진짜.

이해는 오로지 내 몫이었다.

"오랜만에 연락해서 왜 그런 얘기를 하죠? 제가 동네북인가요? 왜 상처주지 않을 생각은 안 하는 걸까요? 그런 책 있잖아요. 제목이 '난 더 이상 상처받지 않고 살기로 했다' 같은. 왜 나만 더 이상 상처를 받지 않으려고 노력해야 하나요? '나는 더 이상 상처주지 않고 살기로 했다' 같은 책이 많아져야 하는 거 아닌가요? 그쪽이 내뱉기 전에 생각이란 걸 해야 하지 않나요? 스트레스를 주지 않을 생각을 해야지 왜 내가 먼저 스트레스 안 받으려고 걸러 듣고 걸러 피하고 걸러 보아야 하나요?"

마음을 회복한 건 모든 것으로부터 거리를 두고 얼마간의 시간이 지나서였다. 상담실에서 번아웃이 주는 고통스러움을 말로 쏟아낸 뒤에는 만남도 연락도, 심지어 말수도 줄였다. 그렇게 내면의 에너지가 서서히 차오르기를 기다리며 하루하루를 흘려보내던 어느 날, 친한 지인의 말에 픽 웃음이 났다.

 '원래 사람은 자기 하고 싶은 말만 하면서 사는 거래. 평생 서로의 말을 이해하지 못하는 거지. 왜냐면 자기 중심으로 세상을 보니까. 그냥 내 말만 하고 사는 거야. 내가 이랬다~ 니가 저랬다~ 거리면서.'

 그제서야 당시 내 이야기를 듣고 상담사가 해주었던 말을 조금씩 받아들일 수 있었다. 그때의 나는 상담사의 답변을 내가 예민해서 일부러 상처를 수집하고 다닌다는 말로 받아들이고 화를 냈었다.

 —"많이 힘들었겠어요. 실제로 지쳐 보이고요. 다만, 그들이 당신에게 상처를 주려 작정한 것은 아니었을 거예요. 그건 본인도 잘 알고 있는 것 같고요. 말 그대로 번아웃된 거죠. 당신 안에 남은 에너지가 없으니 그 어떤 것도 받아줄 수 없고 반응해줄 수 없는 상태에 들어간 것 같아요. 생명력이랄까, 활력

을 완전히 잃어버린 것 같고요.

사실, 주변 사람들은 그들의 일을 하고 있을 뿐이에요. 상처를 주려고 부러 말을 한 것도 아니고요. 그 사람의 모습대로, 자기만의 방식을 따라 살아가고 있을 뿐인 거죠."

그래. 사람은 내 이야기만 하고 산다. 그러니까 나도 그 친구들의 이야기는 안 듣고 나야말로 힘들다고 목소리를 높였을 테지(상담실에 가서 그랬지만). 내게 부러 상처를 주려고 그런 말을 했던 게 아닌 것도 잘 안다. 그래도 나도 조심하고 너도 조심하고, 모두가 조심하면 어떨까. 난임일 수도 있는 이에게 애는 빨리 갖는 게 좋다며 굳이 첨언하지 말고, 상처와 함께 돌아온 싱글일 수도 있는 이에게 왜 결혼 안 하냐고 추궁하지 말고, 실제로 우울증으로 고생하고 있는 사람이 바로 옆에 있을 수도 있으니 기분을 과장하고 싶을 때 우울증 걸릴 것 같다는 말은 선택하지 말고.

불완전한독립(1)

정해진 것이 없다는 건 무한한 자유를 의미하기도 하지만 걷잡을 수 없는 두려움을 뜻하기도 한다. 메어 있지 않은 상태를 누구보다 사랑하지만 새해가 밝고 꼼짝없이 30대 중반에 접어들자 미정(未定)*의 삶이 불안정하게 느껴지기 시작했다. 나만 이런 기분을 느끼는 게 아니란 걸 증명받고 싶어 주변을 둘러봤지만 오히려 시기심과 상실감만 커졌다. 특히 '가족'을 이룬 이들을 향한 부러움의 눈빛을 내려놓을 수가 없었다. 나만 혼자라는 생각과 모두가 하고 있는 것을 못 하고 있다는 철저한 패배 의식에 빠졌다. 그들만의 고충과 어려움이 있겠지만 그건 내게 중요한 것이 아니었다. 그저 나를 제외한 모두가 행복하고 아름다워 보였다. 여기에는 몇 가지 배경이 있다.

이 시기에 느꼈던 부모를 향한 마음은 감사와 사랑 이상의 것이었다. 외동으로 자란 나는 이들에게 언제나 멋진 딸이 되고 싶었다. 받은 사랑은 두 배로 돌려주고 싶었다. 은혜를 입고 세상에 태어나 무탈하게 잘 살다 정신을 차려보니 두 분은 이런 나와 30년 넘게 같이 살아주느라 나이가 많이 들어버렸더라.

---

*여기에서의 미정이란 기혼 또는 비혼, 어느 쪽도 희망하지 못하고, 프로젝트의 일원이었을지라도 결국은 외주노동자로 귀결되는 프리랜서의 위치와, 월셋집 재계약을 앞두고 이 다음엔 어디로 가야하는가를 고민하는 것 같은 외롭고 쓸쓸한 기분이다.

예상치 못한 순간(갑자기 아빠의 어깨가 너무 작아 보인다거나)에 이 사실을 피부로 느낄 때면 걷잡을 수 없이 마음이 아파 눈물이 차올랐다. 그리고 생각했다.

전부 나 때문이다. 이제는 두 분도 할아버지 할머니 소리를 들으며 자식들의 보살핌을 받고 손주들과 함께하는 시간으로 행복을 만끽할 나이인데. 두 분에게 웃음보다 한숨이 많아진 것은 내가 마땅히 줄 수 있는 것을 주지 못해서 그런 것이다. 오로지 나만이 해줄 수 있는 걸 하지 못해서 이렇게 된 것이다. 모두 나의 잘못이다.

한편으로는 자기 옹호의 말을 되뇌기도 했다. 정말로 나의 '잘못'일까? 그렇다고 당장 원하지 않는 결혼을 할 수 있는 것도 아니고, 오래도록 함께 시간을 보내고 싶은 잠재적 배우자를 발견하지도 못했는데. 만나보려는 노력을 안 한 것도 아니니 나도 내 입장을 내세울 자격은 있었다. 마음은 내가 어떻게 할 수 있는 문제가 아니지 않은가.

친구나 지인의 주변 사람들에 비해 내 주변인들은 일찍 결혼을 했는데, 너도 나도 결혼을 준비하는 모습을 보면서 아무런 소식이 없는 내가 뭔가 잘못된 걸까 싶기도 했다. 어떤 이유에서 그렇게 생각하고 있는지도 모른 채 '나는 해야 할 것을, 남들도 하는 것을 못하고 있는 사람'이라는 심리 상태에 사로잡혔다. 부모의 주름과 흰머리를 볼 때마다 자기 비난의 말이 더욱 강하게 튀어나왔지만 불가능한 일을 갑자기 해낼 수는 없는 노릇이었다. 그래서 때때로 남몰래 실컷 울고 난 뒤에는 열심히 글을 쓰고 옮겨서 잘 살고 있는 모습도 보여 주고 재정적으로 보탬이 되자고 다짐했다. 그렇게라도 부채감을 덜고 싶었다. 이 또한 마음대로 되지는 않았지만.

그래서 프리랜서로서 작은 성취를 이뤄내거나 좋은 작품을 하게 되면 부모님께 부러 열심히 설명하곤 했다. 미안한 마음만큼, 내가 열심히 살고 있음을 그 누구도 아닌 내 가족에게 인정받고 싶다는 마음이 컸고, 우리의 생각이 크게 다르지 않음을 부모의 응원의 말로 확인받고자 했다.

부모님께 이것저것 설명해드리면 잘 들어주셨지만 반응은 언제나 나의 예상보다 미적지근했다. 이제는 본인들의 딸도 정신을 차려서 가정을 꾸릴 생각을 해야 할 텐데. 그런 생각은 하지 않고 있는 것 같아 보여서 답답했는지 지금 무엇이 중한지 깨달을 필요가 있다는 식의 대답이 돌아왔다. 그러면 나는 이것이 얼마나 귀한 성취인지 증명하기 위해 말을 보탰다. 하지만 우리의 대화는 항상 '**그런데**'로 끝났다.

'그렇구나, 잘했네. 그런데...'

'너도 열심히 살지, 알지. 그런데 말이야...'

'그래, 굳이 결혼 안 하고 혼자 살 수도 있는 거지. 근데 아니야. 왜냐면...'

그냥 '그래, 잘하고 있네. 응원해.' 이 한마디를 듣고 싶었을 뿐이다. 그놈의 '그런데'는 언제쯤 나오지 않을 수 있을까. 왜 항상 나의 보람과 성취는 결혼 앞에서 아무것도 아니게 되는 걸까. '그런데'가 나올 때마다 삶을 송두리째 부정당하는 느낌이었다. 직종을 바꿔 누구에게도 손 벌리지 않고 혼자의 힘으로 여기까지 경력을 쌓아온 나의 대단함은 바깥에서나 칭찬받을 거리 같았다. 서운한 마음은 예민함으로 번졌고, 부모님에게 언제쯤 누구를 만나 살림할 생각을 하는지 모르겠다는 뉘앙스의 말을 듣기라도 하면 바짝 가시를 세웠다. 다른 주변 어른에게 듣는 것보다도 화가 났고 속상했다. 안 그래도 측량 못할 미안한 마음을 가지고 있는 상태인데 아픈 곳을 콕콕 찌르니 불편하고 싫었다. 같은 싱글일지라도 부모에게 간섭의 말을 듣지 않는다는 친구의 말을 들을 때면 부러워 견딜 수가 없었다.

게다가 나는 매년 늦가을에 차가운 바람이 불어

오기 시작하면 한 해가 정말로 끝나가고 있다는 것을 실감하면서 '아무것도 해낸 게 없다'고 자책하곤 했다. 매달 쉬지 않고 일했고, 창작을 했고, 번역을 했는데 말이다. 어째서일까. 여러 번의 생각과 추적 끝에 나는 나의 자책이—비약이 크다고 느끼겠지만—'올해도 결혼하지 못했다'의 번역이었다는 걸 깨닫게 됐다.

쓸쓸해지는 시기가 되면 자연스레 외로움을 느끼기 마련이라지만 주변 지인들처럼 가정을 이루지 않았다는 이유로 1년간 내가 지내온 시간과 노력들을 한순간에 물거품으로 만드는 나 자신에게 어이가 없고, 의문이 들었다. 한두 번도 아니고, 생각의 방향이 이런 쪽으로 흘러가는 게 마음에 걸려 상담 시간에 이 부분에 대해 나누었는데, 그는 나의 삶을 살아야 한다는 진부한 조언을 건넸다.

—"주변 말고, 자신을 보세요. 삶에는 정석이 없어요. 우리는 모두 다른 기질을 타고났으니, 삶을 보는 방식도 살아가는 방법도 달라요. 20대에는 대학에 가 취업을 준비하고 30대에는 돈을 모아 가정을 꾸리는 것이 보편적인 것은 맞으나 절대적이지는 않아요. 이 사실을 가슴으로 받아들여야 해요.

같은 맥락에서, 우리의 가치관은 어릴 때

형성되고, 그것은 부모의 영향을 절대적으로 받게 됩니다. 부모님 세대는 일찍 결혼해 아이를 낳고 가정을 만들어 외조 및 내조하는 삶이 최고였어요. 그러한 부모님 밑에서 자랐으니 당신도 그런 가치관을 자연스레 흡수했을 거예요. 그런데 지금 왜 힘든가요? 부모님의 가치관과 '당신의 가치관'이 충돌하기 때문 아닌가요?

누구도 당신에게 결혼하는 것이 '맞는 것'이라고 강요할 수 없어요. 이왕이면 둘이 좋긴 하겠죠. 여행도 둘이 가면 여러 음식을 나눠 먹을 수 있어 재밌잖아요? 하지만 외로운 기혼자가 될 바에는 외로운 미혼이 되는 것이 나을 수 있습니다. 같이 있어도 혼자 있는 것보다 못해 힘들어하는 부부가 많아요.

결혼을 통해 당신이 부모에게 행복을 선물할 수는 있어요. 그러나 완전히 행복하게 해주지는 못해요. 엄밀히 말해 그분들의 행복은 그분들이 찾아야지, 당신이 찾아야 하는 것이 아니에요. 당신 삶이 아니잖아요."

부모에게 잘해주고 싶다는 강한 마음이 자신을 어떤 상자 속에 가둔 것은 아니었을까. 자식이라면 누구나 자신을 위해 희생한 부모에게 효도하고 싶을 텐데, 나의 보은하려는 마음은 어느샌가 부담과 책임이 되었고, 이 둘이 똘똘 뭉쳐 비약적 전환을 이뤄낸 것 같았다. 혹은 남에게 뒤지고 싶지 않다는 나의 욕심이 나를 잡아먹고 있었던 걸지도 모른다. 덧붙여 상담사는 부모에게 효도하고 싶은 마음과 결혼에 대한 생각은 확연히 다른 문제이며 후자에 대한 나의 입장을 정리해보는 게 어떻겠냐고 설명했다.

—"그리고 저는, 그래도 부모라면 당신에게 결혼을 권유할 권리가 있다고 봐요. 자식이 안정적이고 평온한 삶을 살았으면 좋겠으니까요. 염려하고 보살피는 마음, 그것만큼은 자식이 침범할 수 없는 부모의 영역이에요. 당신의 생각이 틀렸다거나 잘못됐다거나 하는 표현은, 글쎄요, 아마 부모님도 부드럽게 잘 이야기할 준비가 되어 있지 않았기 때문에 단어 선택을 아쉽게 해버린 건 아닐까요. 속상했겠어요."

상담을 마친 뒤 주차장으로 내려왔다. 차를 타자마자 메모 앱을 꺼내 머릿속에 떠오르는 문장을 적었다. 'That's your call(당신의 생각은 그렇군요).' 이 문장이 생각난 이유는 짐작건대 아직 불완전하게 이루어졌던 삶의 분리를 이제라도 완성시키고 싶다는 무의식적인 외침이 아니었을까. 무언가를 해주지 못해 잘못

된 삶도 무엇도 아닌, 그냥 나의 삶을 그려야 한다는 다짐이기도 했을 것이다.

비로소 완성된 자유의 성명. 나는 그날의 메모에 거창한 제목을 붙여주기로 했다.

불완전한독립(2)

그러고 보면 나는 부모의 인정에 꽤나 목말라 했다. 어릴 적에는 그렇게나 두 분의 자랑거리였는데, 클수록 그렇지 못한 것 같다는 자괴감에 쉽게 빠졌다.

어릴 때부터 '잘한다' 소리를 많이 듣고 자랐다. 매일 보행기를 타서 그랬는지 걸음마는 10개월 때 뗐고, 매일 구연동화 테이프를 듣고 지내서 한글은 도움 없이 네살 즈음 익혔고, 말도 조리있게 잘 해서 어른들 귀여움을 독차지했다고 한다. 성장 속도도 빨라서 초등학교 1학년 때는 반에서 늘 뒷자리에 앉아야 했고 (우리 때는 키 순서로 자리에 앉았다), 편식도 안 해서 밥 잘 먹는다고 동네 아줌마들 사이에서 소문이 나 있을 정도였다. 국어를 잘해 받아쓰기는 늘 100점을 받았다.

당연한 얘기지만 고학년이 될수록 어려운 것이 많아졌다. 중고등학교에 가니 나보다 공부 잘하는 친구가 많았고, 대학교에 가니 예쁜데 운동에 공부도 잘하면서 옷도 잘 입고 성격도 좋아서 인기도 많은 이상한 애들이 사방에 가득했다. 그러다 사회인이 되니 다 필요 없고, 적당히 월급을 받으며 사는 것이 최고의 미덕이더라. 나는 남들보다 반 년 정도 늦었지만 꽤 괜찮은 곳에 취직을 해서 다행히 이 미덕을 갖출 수 있었다. 쭈그러들었던 어깨가 펴졌고, 부모님의 얼굴도 조금 더 밝아진 것 같았다.

그러나 별일 없이 월급 받으며 잘 지내던 나는 직장 4년 차에 부모님께 일을 그만두고 다른 일을 해보고 싶다는 이야기를 꺼냈다. 최고의 미덕을 버리기로 한 것이다. 분명 응원해주셨다. 그런데 슬프고 속상한 기억의 무게가 더 무겁다는 말처럼, 뭘 하려고 저러는지 모르겠다는 염려의 눈빛과 표정이 여전히 가슴에 남아 있다. 그냥 조용히 남들 지내는 것처럼 평범히 살지 왜 자꾸 특이하고 이상하고 힘든 걸 하려 드냐는 말도(고생하지 않았으면 하는 마음에 그러셨다는 것, 잘 안다).

패기 있게 선언했지만 실상 실업 급여 수령일이 끝나갈 때까지 새 일을 구하지 못했다. 20대 후반이 되도록 창피하게 부모님이 번 돈으로 끼니를 때우며 산다는 비관적 생각이 무럭무럭 자라났다(실제로 함께 살면서 '나도 이거 먹어도 돼?'라고 자주 물었다). 백수 생활 5개월 만에 일을 구했을 땐 뛸 듯이 기뻐했지만, 첫 작업료를 받은 날에는 잠을 이루지 못했다. 월급받던 시절에 비해 손에 쥔 액수는 1/4로 줄었고, 번역한 영상이 어디서 어떻게 방영되고 있는지도 알 수 없었다. 아빠가 좋아하는 영화 채널의 영화들, 내가 번역해줄 거라고 떵떵거렸는데... 엄청난 짓을 저지르고 말았다는 사실에 마음은 갈수록 작아져만 갔다. 이럴 때마다 나는 '너 하고 싶은 거 잘해 봐'라는 한마디에 매달렸다.

간혹 TV에 나처럼 직업을 바꾼 청년들이 나와 새로운 삶을 살고 싶은 마음에 일을 그만뒀는데, 그 과정에서 가족의 무한한 지지를 받았다고 말하면 그게 그렇게 부러웠다. 수십 년을 음식점 장사하며 가정을 탄탄히 이끌어왔던 부모님에게 나는 세상 어려운 줄 모르고 공상에 빠진 생활력 없는 사람으로 비치는 것 같아 견딜 수가 없었다. 부모님이 실제로 그런 말을 했는지 안 했는지조차 더 이상 생각나지 않을 정도로 마음속 우울이 커져갔다. 상담 시간에는 이런 과거와 함께 지금도 별다른 인정을 받지 못하는 것 같아 마음이 좋지 않다는 이야기를 꺼냈다.

"'그런데' 이전의 말까지만 듣고 싶을 뿐인데 그게 왜 그렇게 어려울까요? 한편으론 생각해요. 난 대체 왜 그렇게 이것에 매달릴까. 특히 엄마의 말에 저도 모르게 예민하게 반응하거든요. 친구는 엄마와의 대화를 잘 흘려 넘긴다고 하더라고요. 제가 아직 엄마로부터 온전하게 독립하지 못한 걸까 싶기도 해요. (......) 어른들은 건강히 잘 지내는 게 최고라고 말하지만 아무리 봐도 그게 다가 아니에요. 아무 말 없이 잘 지켜봐 주신다고 생각하고 있었는데 얘기를 나눠보면 전혀 그렇지 않더라고요. 결정적 순간에는 그게 아니라 이것이다-라고 갑자기 방향을 제시해요. 뭐가 뭔지 모르겠어요."

―"반대로 생각해볼게요. 당신도 부모의 생각이나 행동이나 말을 무조건적으로 받아들이기 어려워하잖아요. 똑같이 부모도 당신의 생각과 행동을 그대로 이해해주어야 할 필요는 없어요. 같은 마음이 아닐 수 있죠. 엄밀히 나를 있는 그대로 무조건 이해하고 옹호해라, 라는 건 어떻게 보면 불합리한 행동일 수 있어요."

　"그럼 전 가족의 지지나 응원 같은 건 포기해야 된다는 뜻인가요?"

　―"가족의 응원은 언제나 힘이 되죠. 아주 중요하고요. 어떤 일을 할 때 큰 도움이 되기도 할 거예요. 가족의 지지가 있다면 좋겠지만 없을 수도 있어요. 포기하라는 것이 아니라 서로의 가치관과 상황이 다름을 이해하는 것이 필요하다는 말이었어요. 당신뿐만 아니라 가족도 다름을 이해할 필요가 있고요. 당신의 가족이 그렇게 하지 못하고 있다면, 본인을 지키기 위해서라도 당신이 먼저 이 사실을 받아들이고 실천해야 해요. 가족이 지지해주지 않는다고 해서 당신의 삶이 가치 없는 것이 되지 않아요.

　다시 말해, 가족의 지지가 있어야 내가 완

성된다는 명제를 내려놓아 보세요. 무조건적으로 받아들여 달라는 것 말고, 우리의 생각이 다름을 이해하는 거예요.

중요한 건, 부모가 응원해주지 못한다 해도 당신은 당신의 삶을 주체적으로 살아가고 있으며 잘 지내고 있다는 '당위성'을 확립해야 해요. 그 안에서 휩쓸리지 마세요. 당신의 소중한 삶이 무너지지 않도록."

당위성을 가져야 한다는 말은 이해할 수 있었지만 응원받고 싶어 하는 마음을 내려놓아야 한다는 건 조금 어려웠다. 개인주의자들의 삶과 뭐가 다른 걸까. 그건 그냥 서로 상관 안 하는 삶을 살아야 한다는 것 아닌가? 가족이라는 관계 속에서 완벽한 공존과 분리가 동시에 존재할 수 있을까.

우리 안에 다름이 존재한다는 사실. 이 사실을 실질적으로 받아들이지 못하고 있다는 기분이 들었다. 아마도 당위성을 외부로부터 확립할 필요가 없다는 말을 하고 싶으셨던 게 아니었을까. 결국 그날은 복잡한 마음으로 상담소 밖을 나섰다.

내가사랑에실패하는이유

사람 만나는 일, 참 어렵다.

그런데 나만 어려운 것 같다. 별거 아닌 걸 내가 어렵게 만들고 있어서 그럴 테다. 그렇지만 내 맘대로 안 된다. 누구에게나 그런 부분이 있지 않나. 다른 건 똑부러지게 잘만 해결하면서 유독 하나는 어벙하게 대처하는. 결국 나다운 짓을 되풀이하고 마는. 또다시 바보 같이 굴고 마는 그런 거. 내겐 그중 하나가 사랑인 듯하다.

그날 상담에서는 이런 이야기를 꺼냈다. 뜨겁게 누군가를 좋아했던 어린 시절에 비해 호감을 갖고 표현하는 일이 갈수록 신중해진다는 이야기. 어째서 내가 좋아하는 사람은 날 좋아해주지 않는지 모르겠다는 이야기. 다들 자기 인연을 만나 탄탄대로의 길을 걸어가는데 나만 사랑에 실패하는 것 같다는 이야기. 꽃 피는 봄이 찾아오고 있던 때였다.

얼어붙었던 공기에 온기가 조금씩 더해지면서 상담실 창밖에도 따스한 계절이 드리우기 시작했다. 나는 그 풍경을 보며 오히려 봄에 우울증 환자가 많아지고 자살률이 높아진다던 어느 신문 기사를 떠올렸다. 세상은 초록을 빚어내는데 내 삶에는 싱그러운 일이 없었다. 한 주를 어떻게 보냈느냐는 질문에는 매일을 열심히 사는데 왜 눈앞의 현실은 달라지는 게 없는

지 모르겠다고 말했다. 모두 봄이 왔다는 사실만으로 즐거워하고, 기대를 하고, 소망을 품는데 나는 도리어 허탈하고 무력함을 느낀다고 설명했다. 그 외에도—어떤 맥락이었는지 잘 기억나지 않지만—나는 행동력이 부족한 사람인 것 같다는 둥 자신을 신랄하게 비난하다 예시를 들기 위해 최근 관심이 가는 사람이 있다는 이야기를 꺼냈다(갑작스러울지 몰라도 내 안에서는 연관성이 있는 이야기였다).

만난 적도 없는 그는 데이팅 앱을 통해 알게 된 사람이었다. 내가 보기만 했을 뿐이니 '발견한 사람'이라고 정정해야겠다. 서글서글한 인상이 멋지다고 생각했고 프로필을 읽어 보니 만나서 커피 한 잔이라도 해 볼 수 있다면 좋겠다는 마음이 들었다. 그렇다면 매칭 버튼을 누르고 그 사람의 반응을 기다려 보면 될 일이다. 그러나 매칭 버튼 하나를 못 누른 채 약 2주가 지나갔다.

"실제로 만나 보기 전까지는 등록해둔 사진도 써둔 글도 믿을 게 못 된다는 사실을 잘 알지만 그 버튼을 도저히 못 누르겠어요. 누르는 순간 발생하는 무언의 책임감이 싫기도 하고요. 그래도 그가 쓴 글들을 보니 저와 잘 맞을 것 같다는 느낌이 들었거든요. 음, 전 여태껏 제가 먼저 어떤 상대를 관찰하고 그 상대의 좋은 점을 발견하게 되면 조금씩 다가갔던 것 같아요. 어떤 사람인지 알아보고 싶다는 마음이 들면 그때 움직이는 거죠... 그런데 생각해보면 제가 매칭 신청을 한다 해도 상대가 거절하면 말짱 도루묵인데, 그럼 시도나 해보면 될 텐데 대체 뭘 망설이는지 모르겠어요. 그래서 저 자신에게 어이가 없달까요. 뭐, 그랬어요."

—"실패하고 싶지 않은 마음이 커서 그런 게 아닐까요? 말 그대로 잘하고 싶으니까. 그런데 제가 보기엔 우리가 지금까지 나눴던 이야기들을 토대로, 실패하지 않을 확률을 줄이는 데 집중하는 성격이라서 그런 것 같아요. 그 확률이 본인이 정한 어느 정도의 수치에 다다르면 그때 움직이기 시작하는 거죠. 지금 그 확률에 대한 판단이 안 서니까 갈팡질팡하는 것 같고요. 일반적으로 완벽주의 성향을 가진 사람들이 이렇게 행동하거든요. 자기가 보기에 성공할 확률이 높으면 움직이고 그렇지 않으면 시도를 잘 하지 않아요. 가령 성공률이 90퍼센트여서 도전을 했다 하더라도 실패할 수 있어요. 그런데 완벽주의 성향을 가진 사람의 경우 이 사실을 잘 받아들이지 못해요. 결과가 빗나가면 크게 좌절하죠. 왜냐면 성공률이 90퍼센트였잖아요. 틀릴 리가 없잖아요. 그리고 좌절감을 누구

보다 크게 겪기 때문에 이런 실패의 경험이 몇 번 반복되면 아예 시도하려 들지 않아요. 과도한 스트레스를 또 받고 싶진 않을 테니까요.

시험공부를 했어도 100점을 받지 못할 수도 있어요."

남자 이야기를 했는데 갑자기 완벽주의 얘기가 튀어나와 어리둥절했다. 완벽주의라. 그동안 나는 이 말을 커리어와 관련짓곤 했다. 일의 완성도를 높이려 부던히 노력하는 사람이나 맡은 일을 차질 없이 해결하는 데 집중하는 사람들. 그래서 같이 무언가를 할 땐 참으로 피곤하지만 결과물을 보면 역시 대단하다는 말을 내뱉게 하는 그런 사람들에게나 '완벽주의'라는 표현을 붙이는 거라고 생각했다. 내가 생각하는 나는 전혀 그런 사람의 범주에 속하지 않기에 완벽주의 성향을 가지고 있다는 말이 의아하게 들렸다. 비현실적인 진단에 멍해진 기분이 들었다. 동시에 단순히 관심 가는 상대에 대한 이야기가 아닌 무언가 다른 이야기가 시작되고 있다는 느낌이 들었다.

혹시, 내가 완벽주의의 의미를 잘 모르고 있는 건 아닐까. 문득 궁금해져 검색을 했다. 네이버 교육학 용어 사전에 나온 이 단어의 뜻은 지금껏 어림짐작해 왔던 의미와 사뭇 달랐다.

[모든 것을 완벽하게 함으로써 자신에게 돌아올지도 모르는 비난이나 비평을 면하려는 심리적 방어 기제]

  한번은 TV에서 하는 인기 육아 관련 프로를 보다가 한 아이에게 안타까움을 느낀 적이 있다. 네 살짜리 아이를 놀이방에서 놀게 하고 의사가 그 모습을 관찰하는 장면이었는데, 그 아이는 자신이 잘할 수 있고 또 좋아하는 장난감만 만지며 놀았다. 처음 본 장난감을 낯설어하는 것 같아 엄마가 친절히 설명해주고 어떻게 하는 것인지 시범을 보여주니 흥미를 보이는 듯했지만 결국 등을 돌리고 다른 것을 가지고 놀았다. 그 모습을 본 의사는 자기가 잘할 수 있을 거란 판단이 서지 않으면 애초에 보지도 만지지도 않기 때문에 아이가 무언가에 도전하려 들지 않는 것이라고 덧붙였다. 그 장면을 본 나는 이제 겨우 네 살이 된 아이가 좁은 세계를 형성하게 된 것 같아 염려했다. 넘어지고 부딪혀 보면서 경험하고 깨우쳐야 할 나이에 이미 자신의 경계를 완성해버린 걸 보고, 만난 적도 없는 아이를 안쓰러워했다.

  모니터 화면에 뜬 단어의 검색 결과를 보자마자 이 TV 프로그램 장면이 떠올랐다. 나는 언제나 내가 적극적으로 도전하는 사람이라는 사실에 나름의 자부를 가지고 있었는데, 나도 그 네 살 난 아이와 다름없는 좁은 세계의 사람이었다는 생각이 들어 혼란스러웠다. 전전긍긍하며 하루를 보내는 사람의 이미지가 떠올랐고, 상처가 두려워 잔뜩 웅크린 내면 아이를 발견한 기분이었다. 사람 사이의 관계는 성공률과 실패율이라는 수치로 판단할 수 있는 것이 아닌데... 나의 학업, 일, 관계, 심지어 사랑마저 완벽주의라는 안경을 통해 바라보며 살아온 것은 아닐까. 그리고 '비난이나 비평을 면하려는 심리적 방어기제'란 표현이 도망갈 구석부터 만드는 사람이라는 말로 해석돼 기분도 좋지 않았다. 인정하기 싫었기 때문이다.

여담인데, 개인적으로 긍정할 줄 아는 사람은 멋지다고 생각한다. 서양에서 가져온 포지티브의 의미를 가진 그 긍정 말고 '그러하다고 생각하여 옳다고 인정한다'는 의미의 긍정(肯定) 말이다. 긍정하는 일에는 꽤 많은 용기가 필요하다. 내가 틀렸다는 사실을, 당신이 맞았다는 사실을 솔직하게 인정할 수 있어야 하기 때문에 그렇다. 보통은 긍정하기에 앞서 화를 낸다. 받아들이기 어려워서다.

완벽주의를 향한 나의 태도가 그랬다. 지금까지의 행동이나 사랑했던 기억을 돌아보니 긍정하지 않을 수 없는 부분이 더럽게도 많았다. 그래서 용기내지 못했고, 상실감에 힘들어 했고, 많은 이들을 스쳐 지나보냈던 걸까. 과거의 일들이 하나둘씩 떠올랐다. 모든 것을 미리 준비해놓지 않으면 불안해했던 시간들, 조금 더 멋진 모습을 갖췄으면 하는 마음에 건넸던 말들... 실패를 면하기 위해 한 행동들이 도리어 실패로 이어진 것 같았다. 그래서 결국 그 사람들에게 상처를 주지는 않았을지. 한동안 평안히 잠에 들 수 없었다.

그다음 상담 시간에는 이런 이야기를 했다. 완벽주의 성향이 있다고 하셨는데 처음에는 잘 받아들일 수 없었고, 그래서 그 뜻을 분명히 할 겸 집에서 검색을 해봤다가 혼란에 빠졌다는 이야기. 네 살 아이의 모습이 나와 다를 게 없다는 뜻 같아 속상했다는 이야기. 정말로 내가 몰랐던 나를 발견한 것 같아 크게 얻어맞은 듯한 기분이 들었다고도 설명했다. 나는 정말로 내게 완벽주의 성향이 있을 거라 생각하지 못했다. 아무리 봐도 나는 진짜 완벽한 사람들에 비해 덜렁대는 부분이 많으니까.

그리고 며칠 뒤 고민했던 매칭 버튼을 눌렀다는 이야기도 했다. 생각보다 별일 아니었고, 오히려 속시원했다는 이야기. 그 사람에게서는 아무런 리액션을 받지 못해 아쉽긴 했지만 단단하게 굳어 있던 나의 성향을 조금 깨부순 것 같아서 나는 그 버튼을 누른 것만으로도 무척 행복한 한 주를 보냈다는 이야기를 했다. 그 사람은 평생 모를 것이다. 당신이 한 뼘 더 성장한 나를 지나쳐 버렸다는 걸.

    이제 보니 나는 사랑도 완벽하게 하고 싶었나 보다. 누가 그걸 싫어하겠냐마는.

관계의 균형

이후 관계에 대해 생각해봤다.

누구나 조금은 대하기 어렵다고 느끼는 성향의 사람이 있을 것이다. 나는 특히 마음의 거리를 빠르게 좁히려 드는 사람들을 어려워했다. 하지만 착하게, 공손하게 대해야 한다는 마음에 내게 불편함을 주는 행동이어도 반드시 잘 받아들여야 한다고 생각했고, 또 내가 잘 받아들이지 못해서, 불편함을 느끼는 내 행동 자체가 나쁜 것이어서 문제가 된다고 생각했다.

관계는 각자의 무게가 동등할 때 균형을 이룬다. 하지만 나는 상대가 아닌 나의 무게를 덜어내는 쪽에 집중하기로 했다. 내가 부담스럽게 느끼지 않으면 될 일이니까. 그래서 편해졌을까? 아니, 내 마음은 여전히 불편했다. 그냥 신경을 쓰지 않는 것이 도리어 어려웠고, 때때로 이들이 주는 불편한 분위기에 대해 과하게 생각하느라 일주일 내내 스트레스를 받으며 괴로워하기도 했다.

내가 가장 어려워했던 두 사람에 대해 생각해봤다. 먼저 내 삶에 갑자기 나타났다 사라진 D씨. 그는 어느 모임에서 지인의 소개로 인사를 몇 번 나누게 된 사람이었다. 하지만 소개해준 지인은 모임을 지속할 수 없게 되어서 나와 D씨만 매주 보는 사이가 되어 버렸다. 그는 대화의 흐름을 떠나 자신의 이야기를 직설적으로 쏟아내는 스타일이었고(자신의 창업 스토리나 개인사를 가감 없이 털어놔 나를 포함한 몇몇은 어떻게 반응해야 할지를 몰랐다), 어떤 때는 내가 사는 곳 근처에 일이 있어 종종 가니까 한번 보자며 너스레를 떨었다. 그러나 외향적인 D씨만큼 마음의 거리를 좁히지 못한 나는 적당히 웃으며 얼버무렸다. 이것이 진심인지 단순한 사교의 말인지 구분하기가 어려웠다. 아직 겨우 두 번 봤을 뿐이고 그만큼 친하지도 않은데 혼자 성큼 거리를 좁혀오는 것 같은 기분이 들었고, 적당히—똑같이—너스레를 떠는 데 실패하곤 했다.

게다가 모임에서 이런 것을 하는 건 어떠냐 저런 것은 내가 해줄 수 있다는 식의 의견을 표출했는데 그때마다 나는 모임의 상황이 이러저러해서 쉽지 않을 것 같다고 미안하다는 사과를 했다(실제로 상황이 쉽지 않기는 했다. 그런데 지금 생각하면 내가 책임자도 아닌데 왜 사과를 했는지 모르겠다). 이때마다 내가 느낀 마음은 불편함이었다. 그의 적극적인 태도에 보답해야 할 것만 같은데 그러지 못하고 있는 내가 좋지 않은 사람처럼 느껴졌다. 나만 좀 어려운 걸까 싶어 친한 사람에게 물어보니 사실 본인도 대하기 어려운 사람이라고 말했다. 하지만 내 눈에 그는 D씨를 어려워하지 않고 능숙하게 대하는 것처럼 보여서 역시나 내가 문제라는 생각이 들었다.

그리고 또다시 갑자기 내 삶에 나타났던 B씨. 그는 운동을 하다가 만난 사람이었다. 각자의 일과 작업에 대해 이야기를 할 기회가 있었고, 우리는 꽤 유쾌한 대화를 나누었다. 이후 우리는 서로가 비슷한 업계에서 일한다는 것을 알게 되었다. 좋은 인맥을 만들수 있을 거란 생각이 들자 나는 그를 선배님이란 호칭을 붙여 대우했다. 헤어질 때쯤, 그 또한 대화가 기분 좋았는지 일과 관련된 공식 행사에 갈 예정인데 관심 있다면 초대해주겠다고 했다. 즐거운 대화에 잠재적인 초대 기회라니. 나는 덥석 좋다고 대답했고, 흔쾌히 명함을 주고받았다.

하지만 개인 연락처를 통해 전부 사적인 제안들이 오기 시작했다. 친해지고 싶어 그런가 보다 생각하기는 했지만, 그에게 맞추려면 나의 일정을 갑자기 조정해야 하는 경우가 많았고 단둘이 영화를 본다거나 교외 산책을 가는 일은 부담스럽고 불편해 거절할 수밖에 없었다. 권유를 여러 번 고사하자 그도 D씨처럼 내가 사는 곳 근처에 직접 오겠다는 말까지 해서 나는 손사래를 쳤다. 모든 것이 일방적으로 느껴졌기 때문이다. 결국 연락은 뜸해졌고, 즐거운 대화의 기억은 불편하게 마무리되고 말았다.

캐주얼하게 받아들일 수 있는 제안을 복잡하게 받아들이고 있는 걸까 싶어 가까운 지인들에게 대화

내용을 보여주었더니 전원 '그렇지 않다'는 결론을 내주었다(한 지인은 왜 애초에 이 상황을 어렵게 느끼는 출발점이 상대가 아니라 '나'인지 궁금해했다). 한참 뒤에야 그는 문자메시지로 자신이 말했던 공식 행사 관련 안내문을 보내주었는데, 이미 마음이 불편해진 나는 긍정적인 회신을 할 수 없었다. 처음부터 이것과 관련된 연락을 주었다면, 그래서 공식적인 행사 자리에서 좋은 얼굴로 다시 만났다면 어땠을까.

모든 순간을 마주할 때마다 나는 자신에게 물었다—내가 잘못된 걸까? 불편해할 상황이 아닌데 내 마음이 선하지 못해서 상대를 밀어내는 걸까? 내가 센스가 없는 걸까? B씨의 경우, 만나 이야기할 때는 전혀 부담스러운 기분을 느끼지 못했어서 내가 과하게 불편해하는 것이 아닐까 고민이 됐다. 나는 상담사에게 이러한 나의 마음을 고백했고, 관계 속에서는 나를 바로 세워야 한다는 조언을 들었다.

—"그 사람의 행동이 어렵고 아니고를 떠나서, 누군가와 관계를 맺을 때 당신이라는 존재의 크기를 줄이거나 낮출 필요는 없어요. 이건 공손하고 배려하는 태도와는 다른 것 같아요. 음, 지난번에 글을 쓰고 있다는 얘기를 해줬잖아요? 그때 피드백에 대해 어려워했던 것

같은데, 피드백을 통해 받은 제안과 자신의 의도가 달라서 힘들어했잖아요. 정확히 어떤 마음이 들었나요?"

"감수자가 봐준 내용이 좋긴 하지만, 제가 옮긴 문장을 주장하고 싶은 마음이 컸어요. 그럴 필요가 없단 걸 알지만 감수자의 지적을 개인적으로 받아들이기도 했고요. 그쪽이 저보다 냉철한 눈으로 봤을 거라 생각하니까 그쪽 생각이 맞는 것 같고, 따라야 할 것 같았어요."

―"그렇지만 당신이 그렇게 문장을 쓴 데에는 의도가 있었잖아요?"

"네... 그런데 저보다 더 많은 문장을 본 경력자라고 생각하니 입을 떼기 쉽지 않더라고요."

―"하지만 마음이 불편하지 않았나요?"

"그렇죠. 저도 이 글을 만드는 참여자인데 고쳐진 것에 수긍해야 하는... 수동적인 기분이 들었어요."

―"좋은 표현이네요. 참여자. 모든 사람이 하나의 글을 만드는 일의 참여자고, 그 안에서

쓰는 사람과 고치는 사람의 역할이 나뉘는 거겠죠. 그렇다면 상대는 '글을 고친다'는 자신의 역할에 충실했을 거예요. 당신은 쓰는 일에 집중했을 거고요. '고친다'와 '쓰다'. 글을 향한 서로의 생각이 다르기 때문에 충돌이 일어났겠죠. 하지만 고치는 사람 쪽으로 무게 중심이 쏠리면 쓰는 사람의 비중이 적어지고 균형이 깨지고 말 거예요. 그런데 이럴 때뿐 아니라 한 쪽이 입을 꾹 다물 때도 균형이 맞지 않게 됩니다. 동의하기 때문에 입을 다무는 거 말고, 의견이 있는데 속에 담느라 입을 다물 때요. 그러면 어느 한쪽의 마음만 살아 있는 불균형한 글이 나오겠죠.

비슷해요. 우리가 누구와 관계를 맺을 때 상대를 존중하는 것은 좋지만 나의 존재를 낮추어야 할 필요는 없어요. 나와 다르니 불편함을 느낄 순 있어요. 그렇지만 동등한 인격체로 서야죠. 지금까지의 당신을 제가 보니, 평화를 유지하고 싶으니까 자신이 참아야 한다는 걸 1순위로 내세우고 있어요.

팩트는 D씨의 사교 속도와 나의 속도가 맞지 않는다는 것이죠. 서로 달라요. 지인이 소개해줘서 잘해야 한다는 등의 부담감을 다 빼 본다면, 속도를 맞추지 않기로 결정하거나 가운

데 누군가를 세워서 중간을 유지할 수 있을 거예요. 무조건 맞출 필요는 없죠. 그러면 균형이 무너져요. B씨가 선배라고 해서 후배인 당신이 모든 걸 따라야 할 이유도 없어요. 한 번의 좋은 대화가 좋은 인상으로 이어질 순 있지만 이후 다짜고짜 연락해 만남을 요구하는 행동은 그냥 무례했던 거예요. 그 증거로 당신의 지인들도 그분의 이야길 들어줄 필요가 없다고 말하고 있고요. 당신이 선배라면 B씨가 그렇게 했을까요? 상대를 세워주려는 마음은 선하지만, 그것이 나를 죽이는 결과로 이어지는 건 아름답지 않습니다."

"아... 제가 의외로 뭔가 맞추는 일에 익숙해져 있다는 생각이 드네요. 일도 대개 마감 날짜와 시간을 회사에서 제시하고 그걸 제가 받아들이느냐 아니냐의 형태로 흘러가거든요. 물론 서로 논의를 할 때도 있지만... 여태껏 작업 요청이 왔을 때 거절한 적이 거의 없었어요. 그렇게 해야 한다고 배우기도 했었고요. 지금까지의 제 생존 방식이 아니었을까 싶기도 하고 저의 성향의 문제인 것 같기도 하네요.

두 사람 모두에게 좋은 사람으로 기억되는 일에 초점을 맞췄던 것 같아요. 특히 B씨의 경우엔 일에 도움을 줄 수도 있을 거라는 생각이 순간적으로 들었고, 그래서 무의식적으로 제 행동도 그에게 맞추려 했던 게 아니었나 싶어요. 속물 같아서 부끄럽네요."

―"누구나 기회 앞에 그럴 수 있죠. 그런데 이 사람들의 행동이 나와 달라서 불편할 수는 있지만 이걸 일주일 내내 생각하며 스트레스를 받는 일은 당신이 끊어내야 해요. 우리 전에 사람들은 그냥 자신의 방식대로 살아가고 있을 뿐이라고 말했던 거 기억하나요? 그걸 인정하면 됩니다. 당신도 당신의 방식대로 살고 있으니 충분히 어려움을 느낄 수 있는 거고요."

발견과 부끄러움. 이 두 가지 단어가 떠올랐다. 여전히 관계에 대해 배워 나가는 중이구나, 라는 생각에서 발견이, 여전히 관계에 서툴구나, 라는 생각에서 부끄러움이 생각났다. 내 이야기를 들은 친구는 성장하는 과정에 있어서 그런 거라는 다정한 말을 해주었다.

지금은 D씨와 B씨 모두 연락을 하지 않는다.

나에게덜집중할때

완벽주의 사건 이후 <나는 왜 내가 힘들까>(마크 R. 리어리, 박진영 옮김, 시공사)라는 책을 읽었다. 그동안 자아는 찾는 것이라고 배웠는데, 이 책은 자아를 찾는 일을 내려놓을 때 행복해질 수 있으며 자기인식능력이 불행을 가져올 수 있다고 말했다. 나는 이것을 나에게 덜 집중할 때 삶의 만족도가 올라갈 수 있다는 뜻으로 결론지었다.

세상은 자기 자신이 뭘 원하는지 알아야 한다고 말한다. 맞는 말이다. 그런데 가끔은 나도 나를 잘 모르겠어서 그게 가능한 일인지 모르겠다. 게다가 분명 이걸 원한다고 생각했는데 시간이 지나 이게 아니라 저걸 원했다는 걸 알게 될 땐 허무하기도 하다. '이런 나'도 있고 '저런 나'도 있는 거지!라고 넘길 때도 있지만 취업, 이직, 관계 등 삶의 중요한 문제 앞에서 매번 합리화하기 어렵기도 하다. 그러면 실수를 했다는 생각에 우울해진다. 다음번에는 신중히 결정해야 한다는 압박감에 사로잡힌다. 나아가 내가 나를 모른다는 사실이, 그럼 난 대체 어떤 사람이지 라는 질문으로 이어지고, 그 질문은 때때로 난 누구이며 내 삶은 어디로 가는가 라는 심오한 생각으로 연결된다.

완벽주의자들은 자기 자신을 향한 기대치가 매우 높은 편이라고 한다. 나에게 집중한 결과다. 나의 현재 상태, 발전 정도, 성장 속도, 기대한 바, 성취 내용 등을 세밀히 분석하고 꼼꼼히 따져보는 일은 자기계발을 넘어 과한 자기 검열 상태에 빠져들게 한다.

나는 어떤 문제가 발생하거나 스트레스를 받으면 대체로 가만히 생각을 한다. 가만히 생각하면서 무엇을 하느냐, 추적을 한다. 머릿속에 마인드맵을 그려서 최초의 뿌리를 찾아 나선다. 지금 내가 왜 기분이 나쁠까. 충분히 기분 전환이 될 만한 일들을 했는데도 왜 짜증이 풀리지 않을까. 어째서?라고 질문하면서. 그러다 보면 출발점에 '내'가 있다는 것을 발견하게 된다. 굳이 하지 않아도 될 걱정을 사서 했다거나 나와 상관없는 사람들의 삶을 내 것과 비교했다거나 하는 일들이 원인이었다는 걸 알게 된다. 그럼 이제 원인을 찾았으니 문제를 해결하고 자유로워지면 될 텐데 그러질 못한다. 나를 바꾸고 해결하는 일이 그렇게 쉬운 일이던가. 문제의 중심이 '나'라는 사실에 마음이 작아진다. 결국, 우울해진다.

나는 이렇게 가만히 생각하는 나만의 대처법이 마냥 틀렸다고 생각하지는 않는다. 이 방법은 건설적이다. 단순히 '스트레스'나 '짜증' 등으로 하루의 기분과 상태를 뭉뚱그리지 않고 분별할 수 있게 해준다(글을 쓰려는 사람에게는 필요한 일이기도 하다). 한 가지 아쉬운 것은, 사람에 따라 생각을 너무 많이 하게 만든다는 것. 그러면 나에게 많이 집중하게 된다. 과한 생각과 분석은 건설적이지 않다. 파괴적이다. 자괴의 심연으로 이끌기도 한다. 그럴 땐 나를 내려놓는 것이 좋다. 나로부터 도망쳐야 한다.

책을 읽은 후로는 최대한 생각을 안 하고 지내려 노력했다(생각을 하지 말아야지라는 것도 생각을 하는 것이지만). 맛있다. 좋다. 기쁘다. 슬프다. 아프다. 속상했다. 서러웠다 등. 내가 느낀 감정에 이름을 붙이는 행위만 했을 뿐, 그 감정이 피어난 이유까지 헤집지 않았다. 나를 너무 궁금해하지 않았다.

신기하게도 이 과정을 통해 나는 조금씩 단순해져갔다. 그리고 이러한 내 모습이 마음에 들었다. 상담사의 응원이 더해지니 앞으로도 충분히 해낼 수 있을 것 같다는 용기도 솟아났다.

S에게(2)

S에게.

네가 상담실이 어떤지 궁금해하는 것 같아서 다시 펜을 잡았어. 사실 내게 상담실은 '갑 티슈'와 같아. 나는 이 비유가 나름 재밌다고 생각하는데 한번 설명해볼게.

일단 휴게실에 앉아 있다가 종이컵에 냉수 가득 받아 들고 정각에 맞춰 상담실로 들어가. 가면 작은 책상 하나랑 의자 두개가 있고. 나는 컵을 내려놓으면서 의자에 앉고 나보다 먼저 온 상담사는 볼펜과 '상담 기록 일지'라 적힌 종이를 미리 책상에 내려놓은 상태지. 그리고 책상 중간에 물건 두 개가 있는데 하나는 초침까지 있는 아날로그 시계야. 어릴 때 시계 위 오목한 버튼을 눌러서 알람을 끄던 그런 시계 있잖아. 버튼 없는 것만 빼고 그거랑 비슷하게 생겼어. 그리고 그 옆에 크리넥스 갑 티슈가 있어. 이게 나랑 좀 더 가까운 쪽에 있는데 팔을 살짝 뻗기만 하면 닿을 수 있어.

아니 근데, 이 갑 티슈가 있다는 사실이 그냥 웃기고 그렇더라. 그렇지 않아? 넌 어차피 울게 될 테니 특별히 넉넉한 걸로 준비했어, 뭐 이런 느낌. 심지어 갈 때마다 맨날 한움큼씩 뽑아 쓰는데 매일 리필을 하는지 신나게 써도 모자라는 걸 본 적이 없어... 두루마리도 아니고 습자지 같은 식당 냅킨도 아니고 부피감 잔뜩 느껴지는 갑 티슈가 눈앞에 딱, 손 닿을 거리에 딱 있다는 게 나름 재밌는 포인트 같아. 걸리적거리는 것도 없이 술술 뽑아내기만 하면 되잖아. 아까 말했듯 넌 언제든 눈물이 터질 준비가 된 것처럼 보이니 날 마음껏 활용해 라고 말하는 것 같기도 하고.

　잘 이야기하다가 눈물이 차오르기 시작하면 갑 티슈를 한 장, 눈물 따라 콧물도 나올 것 같으면 또 갑 티슈를 한 장, 다시 눈물이 흐르니까 또 한 장, 그 사이 코가 뭉쳤으니 또 한 장 뽑아서 팽 풀어 버리고, 다시 새걸 뽑아서 슬픔으로 더러워진 것들을 하나로 뭉치고, 그러다 눈물이 또 나오면 갑 티슈를 또 한 장...

　문득 상담실 비품 중에서 티슈 마련에 가장 돈을 많이 쓰지 않을까 싶더라. 그러고 보니 옛날에 기도할 게 많다면서 옆구리에 두루마리 화장지 하나 끼고 기도하러 간다는 사람 본 적 있거든. 약간.. '나 모든 걸 털어내러 간다' 이런 느낌? 비장한 게 웃기기도 하고 슬프기도 했는데 처음부터 울려고 두루마리를 직접 준비해가는 사람이나 별생각 없이 와서 갑 티슈를 줄창 뽑아대는 사람이나 거기서 거기인 듯 싶더라고. 뭐가 그렇게 간절하고 할 말이 많고 울 일이 많아서 그러려나 싶었는데, 나도 뭐가 그렇게 힘들고 할 말이 많고 울 일이 많아서 눈뭉치 같은 티슈 덩어리를 갈 때마다 만들어내는지 몰라.

그래서 상담실 하면 늘 '갑 티슈'가 생각 나.

행복한뜻밖

나는 INFJ형 인간이다. ENFJ였던 적도 있고, ISFJ였던 적도 있다. 하지만 한번 INFJ가 된 이후로는 이 유형을 쉽게 벗어나지 못했다. 특히 -FJ를 떠난 적은 한 번도 없다(참고로 나는 MBTI 신봉자는 아니―라고 생각하―지만 MBTI 이야기하는 건 좋아한다. 나와 다른 누군가의 행동을 이해하는 데 어느 정도 도움이 된다고 믿기 때문이다).

'오늘의 할 일 목록'을 작성하는 건 유년 시절부터 나에게 매우 중요한 일이었다. 누군가는 이것을 쓰는 것 자체에 의미를 둔다던데, 나는 써 둔 것을 최대한 많이 지우는 일에 집중했다. 솔직히 하나라도 지우지 못하면 목록을 쓰는 의미가 뭘까 싶기도 하고. 애초에 다 지우지 못할 것 같은 예감이 든다면 목록을 일부러 적게 작성하기도 했다. 가령, 오늘 해야 할 일이 다섯 가지인데 현실적으로 다섯 가지를 해내는 일이 어렵다는 생각이 들면 은근슬쩍 세 가지만 쓴다. 그래야 찝찝함 없이 모든 목록을 완벽하게 지워낼 수 있으니까.

더불어 어떤 것을 보거나 들으면 감정이 먼저 반응하기 때문에 기분 변화를 자주 경험하곤 했다. 중학교 국어 시간에는 교과서에 실린 <운수 좋은 날>을 읽다가 남몰래 울기도 했고 친구가 엄마에게 어떤 이야기를 들어 속상하다고 말하면, 같이 감정에 이입해서 우리 엄마도 아닌 엄마의 말에 같이 상처받고 슬퍼하기도 했다. 미용실에 왔는데 머리가 맘에 안 들어서 짜증이 난다는 친구의 카톡에는 '왜왜, 궁금해 머리 보여 줘'라고 말하는 대신 '속상하겠다 어떡해'라고 반응하는 전형적인 감정형 인간이 나였다.

프리랜서가 되고 나서는 많이 유연해졌다. 단어 하나의 쓰임을 가지고도 토론하기를 좋아하는 이 세계에서 감정적으로 반응하면 절대 버틸 수 없다. 그래서 감정을 최대한 배제한 상태에서 피드백을 들어야 한다. 오늘의 할 일 목록을 10개쯤 써 놓았는데 갑자기 나흘 뒤까지 번역을 완성해달라는 요청을 받게 될 수도 있다. 그러면 목록에 쓴 것 중 하나도 해결하지 못하는 사태가 발생할 가능성이 높아진다. 이때 완고하게 J형의 태도를 유지하면 과한 스트레스로 실신할 수도 있다.

상담을 시작한 지 약 8개월째 되는 날, 호기심에 MBTI 재검사를 했다. 모두가 애용하는 간이 검사 페이지의 한국어 번역이 살짝 달라졌다는 소문을 지인에게 들었기 때문이었다. 지인은 이전과 동일한 결과가 나왔다고 해서 나도 그러할 거라 짐작하고 테스트에 임했는데, 새 검사 결과는 나를 INTJ형 인간이라고 정의했다.

뜻밖의 결과를 보고 마주한 감정은 기쁨이었다. 희열을 느꼈다 해도 과언이 아닐 것이다. 상담을 시작한 이후로 어떤 일에 감정적으로 반응하는 메커니즘을 버리지 못해 굳이 신경 쓰지 않아도 될 일을 신경 쓰는 태도나 나의 문제로 여기지 않아도 될 일을 구태여 나의 것으로 가져오는 습관을 간절히 버리고 싶었다. 우울감과 예민함이 빠르게 누그러지지 않는 것 같아 개인적으로 아쉬움을 느끼고 있던 시기였는데, MBTI가 모든 것이 기우였음을 말해주는 것 같아 좋았다. 약을 먹고 있었다면 오늘부터 약을 줄여 보자는 의사의 말을 들은 기분이랄까. 뭔가 잘못된 게 아닐까 싶어 검사를 두어 번 다시 해 봐도 화면에는 INTJ의 특성을 말해주는 결과가 나올 뿐이었다.

상담을 마치고 집으로 돌아가던 어느 날 아무런 성과가 없는 것 같아 속상한 마음에 눈물을 훔친 적이 있다. 일주일에 한 번, 한 시간씩, 빼먹지 않고 열심히 나가고 있는데. 자신에게 문제가 있다는 걸 알아도 모른 척 살아가는 사람이 얼마나 많은데. 난 그런 사람들과 달리 적극적으로 움직이고 있는데. 속마음을 뒤집어까는 건 치부를 드러내는 일과도 비슷하고, 나는 그런 일을 용기 있게 하고 있는데도 변화가 없는 것 같아서 말이다. 변화가 없는 것 같다고 느꼈던 이유는, 약 두세 달 전에 힘들어했던 문제가 다시 수면 위로 떠 오르자 또다시 울고 있는 나를 발견했기 때문이었다.

　　물론 일말의 변화도 없는 것은 아니었지만 비슷한 상황을 다시 정면으로 마주할 때 똑같이 당황하고 힘들어하는 나를 볼 때면 그동안의 노력은 의미가 있었을까 하는 생각이 들었다. 아무리 공부를 해도 90점을 넘지 못해 89점에 머무른 기분이랄까. 그때마다 상담사는 한 사람의 세계가 빠르게 바뀌는 것 자체가 불가능한 일이며 충분히 수고하고 있다고 위로해주었지만 나는 만족할 수 없었다.

　　그렇기에 F형 인간이 T형 인간이 되었다는 온라인 검사 결과는 매우 뜻밖이었다. 간이 검사고, 자세히 보니 F와 T의 비율 차이가 큰 것도 아니었고, 온라인상에서 INTJ는 세상 특이한 사람 취급을 받는 모양이었지만 그러거나 말거나. 이 변화는 실로 대단한 것이었다. 세상을 보는 관점과 생각하는 방식이 미묘하게 달라졌다는 뜻이기 때문에 그렇다. 몇 달 전까지만 해도 '매우 동의'를 서슴없이 눌렀던 사람이 이제는 '약간 동의'를 하게 되었는데, 이게 별일이 아닐 수 있을까. 상담을 시작하고 드디어 눈에 보이는 어떤 결과를 얻게 된 것 같았다. 신께서 '너 드디어 새로운 피조물이 되었구나'라고 말해주는 것도 같았다.

　　조금은 상대의 감정과 나의 감정을 분리할 줄 알

게 된 게 아닐까 싶다고, 상담실 책상에 앉아 신나게 떠들었다. 돌이켜 보니 어떤 친구의 이야기를 듣고 이전처럼 아주 깊게 감정 이입하지 않았던 것 같다고도 말했다. 친구에게는 미안하지만 이 사실이 기쁘고 좋다고 고백했다. 나는 왜 T형 인간이 되었을까, 같은 쓸데없이 깊은 생각은 그만두고 나에게 '변화'가 일어났다는 것 자체에 오늘은 충분히 좋아하고 싶다고 말했다.

소진된 이가 바라보는 정경

우울해지면 일상 속 당연한 일들을 제대로 하지 못하게 된다. 밥을 먹는 것, 잠을 자는 것, 청소를 하는 것... 몸과 마음이 완전하게 지쳐 아무것도 할 수가 없다. 아무것도 하고 싶지 않아진다. 그럴 힘이 없다.

나는 이런 상태를 어떤 풍경에 비유하여 설명하곤 했다.

"끝을 알 수 없는 길을 걸어가다가 그 자리에 폭삭 주저앉은 것 같아요. 아니죠, 끝은 있는데 그게 대체 어느 지점에 있는 건지 모르니까 그냥 끝을 알 수 없다고 할게요. 걷는 자세가 좋든 나쁘든, 전 열심히 걸어가고 있었어요. 나름대로 완급 조절도 하고 있었고요. 그러다 순간순간의 피로와 스트레스가 쌓여서 지쳤어요. 그런데 그 정도가 평소와는 과하게 달랐어요. 아픈 허리와 다리에 온 신경이 집중되어 그저 앉아 있을 수 밖에 없는 거예요. 아픔에 울다가, 눈물 덕분에 아픔을 잊다가, 나를 스쳐 가는 이들과 주저앉은 내 모습을 번갈아 보다 속상해져서 다시 울고 말아요. 그렇게 몇 시간을 울다 말다 해요. 이제 그만 울어야지 라고 생각한다고 안 울어지는 게 아니에요. 가만히 있다가 눈물이 차오르고 터지고... 그렇게 수 일이 지나요. 이제는 일어나 걸어야 남들과 격차가 벌어지지 않는다는 걸 머리로는 알지만 도무지 그렇게 할 수가 없어요. 어쩌면 나는 일어나기를 원하지 않는 것 같다는 생각도 들어요. 왜 이 길을 따라 걸어야 하는지도 모르겠어요. 그냥 걷지 않을까 해요, 다 포기하고. 애초에 걷지 않으면 허리와 다리가 아플 일도 없을 거고, 걷는 자세가 나빠서 그렇게 된 거라는 '나로부터 비롯된 원인'을 마주할 필요도 없잖아요. 그래서 하기 싫어요. 모든 게 그냥 싫어요.

몸과 머리와 가슴의 간격이 멀다는 걸 알고 있어요. 그리고 이 사실을 알면서 의지적으로 간격을 좁히지 못한다는 게 화가 나요. 저도 이렇게 앉아 시간만 보내는 건 낭비라는 생각이 들어요. 저도 안다고요. 아는 데 뜻대로 안 되는 기분 아세요? 한편으론 또 아파서 주저앉게 될 수 있다 생각하니 일어나고 싶지도 않아요."

한번은 모든 상황이 얽히고설켜 번아웃과 우울을 동시에 겪는 최악의 시간을 보냈다. 이유는 관계부터 일까지 다양했다. 어떠한 순간이 곧장 문제로 변질된 것은 아니고, 오래 전부터 마음속에 한 칸씩 불안과 분노, 상처가 채워지고 있었던 듯하다. 그렇게 몸집을 불린 부정적인 마음은 좀처럼 꺼질 줄을 몰랐다. 웃음을 잃고, 식욕을 잃고, 활기를 잃었다. 그리고 사람들에게 이런 모습을 내비치는 걸 주저하지 않았다. 힘든 내색하기 싫어 하는 나에게는 대단한 선택이자 어쩔 수 없는 발악이었다.

그렇게 한없이 주저 앉아 있던 어느 날—뜬금없이—눈앞의 먼지를 닦아야겠다는 생각을 했다. 마침 발렌타인 데이이니 지인에게 줄 빵도 구우면 어떨까 하는 마음도 들었다. 갑자기 한 문장이 머릿속을 스쳤다. '아, 이제 차올릴 준비가 됐나 보다.'

나의 먹을 것을 직접 만들려면 시간과 힘을 써야 하기 때문에 생각보다 큰 결심이 필요하다. 몸과 마음을 다시 일으켜야 한다. 그래서 내게 요리는 하나의 신호다. 우울한 마음과 번아웃증후군이라는 터널 밖으로 걸어나갈 마음이 들었다는 신호. 꼭 필요했던 잠식의 시간을 지나 휴식의 기간을 거쳐 다시 몸을 움직일 때가 찾아온 것이다.

그날은 냉장고에서 각종 재료를 꺼내 마들렌을 구웠다. 차분히 재료를 한 데 섞고, 유자청도 듬뿍

넣었다. 전자레인지로 버터를 녹이다 버터가 펑 소리를 내며 터져서 사방에 묻은 버터를 닦아내고 오븐을 예열했는데, 덜 닦였는지 오븐에서 연기가 차올라 급하게 창문을 열고 환기를 시켰다. 사람들은 내가 이 고생하며 마들렌 구워다 줬다는 건 꿈에도 모르겠지. 혼잣말로 중얼거리다 아무 일도 없었다는 듯 180도에 15분으로 반죽을 굽고 나니 제법 먹음직스럽고 달콤한 것들이 나왔다. 비닐 포장지에 넣고 귀여운 레터링 스티커를 붙여 예쁘게 포장했다. 모임에 가져가니 다들 좋아해주었다. 기껏 갔다 줬는데 쏙 가져가더니 인사는 쏙 빼먹은 사람도 있었다. 어차피 누군가보다는 날 위해 구운 것이니 상관은 없었다.

    엄마가 제일 맛있게 먹어 주었다. 오늘은 집에 고급 과자가 있어서 좋다는 말에 내 마음도 기뻤다. 소진되었던 시간들을 달콤하게 흘려 보내고 싶어서 나도 갓 구운 마들렌을 네 개나 주워 먹었다. 어느 날 내 손으로 직접 썼던 '힘들면 쉬어 가면 된다'는 문장이 떠올랐다.

경계와 포기

사는 일은 새삼스러운 것을 주기적으로 발견하는 일 같다. 가령 이런 것이다.

어머, 내가 과정보다 결과에 집착하는구나.
(어제)
어머, 내가 과정보다 결과에 집착하는구나.
(오늘)
어머, 내가 과정보ㄷ..이런!
(내일)

그날도 상담 후 새삼스럽게 나의 문제를 깨달았다. 마음속으로 완벽한 그림을 그리곤, 그 그림을 향해 가는 과정을 즐기는 것이 아니라 그림이 확실하게 그려졌는지에 집착한다는 것. 아는 데 잘 안 된다. 나는 죽는 날에도 인명재천 따위는 잊고 내가 생각한 때는 지금이 아니라며 성을 낼 사람이 아닐까.

많이 지쳐서 속상한 마음에 눈물을 많이 흘린 날, 나는 먼저 나에게 무슨 일이 있었는지 설명하고 스스로 추적해낸 원인에 대해 알려주었다(일에서 느끼는 권태로움과 불만족, 타인을 향한 분노, 반복되는 일상이 주는 무력감이 동시에 와서 상당히 괴로워하던 시기였다). 그리고 그는 30분 넘게 경계와 포기에 대한 이야기를 해주었다.

―"나의 영역 밖에 있는 일을 나의 일로 가져오려고 하면 힘들어져요. 본인이 할 수 없는 일인데 내가 해야 하는 일로 가져오니까 버거울 수 밖에요. 사람이 자신의 일을 계획한다해도 그것을 이루는 건 우리의 손에 있지 않다고 하더라고요. 살면서 우리는 어떤 계획을 세우고 실천할 방법을 모색해요. 그런데 삶은 혼자 사는 것이 아니라서 뜻대로 흘러가지 않을 수 있어요. 어떤 일을 할 때 상대의 마음이 나와 같다면 좋겠지만, 다른 마음일 수도 있잖아요? 그 과정에서 많은 것에 부딪히게 돼요. 세상이 날 도와주지 않는다고 느끼기도 하고요. 계획을 이루기 위한 변수가 너무너무 많죠. 그렇다면 계획을 세우는 건 나의 영역이지만, 그것이 완성되는 건 나의 영역 밖의 일일 거예요. 그럼 여기서 경계에 대해 생각해보게 되는 것 같아요. 여기까지는 내가 할 수 있는 일이고, 저기부터는 내가 할 수 없는 일이 되죠. 당신에게는 어디까지가 경계인가요?

경계가 구분되면 포기하는 일이 어렵지 않아집니다. 포기는 실패가 아니에요. '내가 가진 이것만으로도 충분하다'고 만족하는 마음입니다. 이 마음을 먹는 것이 편안해져요.

그러면 감정을 조절하고 화를 덜 내는 일이 빈번해지겠죠. 누가 봐도 최고의 기량을 선보였지만 은메달에 머무른 선수는 어떻게 후련하고 우아한 미소를 지을 수 있는 걸까요? 실수를 하지 않는다는 자신의 영역 안에서 최선을 다했기 때문이지 않을까, 라고 나는 생각해요."

새삼스러운 말이다. 그럼에도 수면 아래 잠들어 있던 문제를 물 밖으로 꺼내 다시 마주한 기분이 들었다. 때로는 변함없이 똑같은 문제를 쥐고 있다는 사실에 무력감을 느낀다. 이겨내지 못했다는 패배감에 잠식된다. 그럼에도 누군가는 내게 말했다. 넘어지더라도 다시 일어나려 하는 그 순간 자체에 의미가 있다고. 나에겐 또 다시 일어날 힘이 있음을 나 자신에게 물리적으로 알려주는 그 일에 의미가 담겨 있다고.

그래서, 알겠다고 했다. 내가 할 수 있는 가장 단순한 최고의 대답이었다.

운다고 달라지는 일이 하나 있다면

소설 번역 수업을 들을 때의 일이다.

K선생님께서 아버지를 일찍 여읜 책 속 주인공의 일대기를 설명하다가 예를 들기 위해 고인이신 본인의 아버지 이야기를 꺼내셨다. 선생님은 그리움이 북받쳐 올랐는지 갑자기 눈물을 보이셨는데, 그 모습을 보고 있던 나는 '진짜 K'를 만났다고 생각했다. 아버지 이야기를 하면 할수록 선생님은 '선생님 답지' 않아졌다. 그녀는 자신의 추억 영사기를 따라 어린 딸의 표정을 짓기도 했고 믿음직한 장녀의 얼굴을 하기도 했다. 내 눈앞에 있는 것은 소설 번역을 알려 주는 선생님이 아니라, 어른의 나이가 되었어도 변함없이 아버지를 그리워하는 소녀였다.

한두 번씩 눈물을 훔치시는 선생님의 모습을 보면서 우리는 울 때에야 비로소 우리의 얼굴을 하게 될 것이라고 생각했다. 기쁠 때, 슬플 때, 화날 때, 절망할 때, 웃길 때… 이때 함께 흘리는 눈물은 감정을 더욱 순수하고 투명하게 담아낸다. 꾹꾹 눌러 담았던 그리움을 눈물로 표현한 선생님의 모습을 보니 강단 있는 그녀도 그저 나와 다를 바 없는 한 사람이라는 마음이 들어 그랬던 것 같다. 그때 느꼈던 것은 반가움과 안도감이었다.

우는 사람은 건강하다. 이 명제가—적어도 내게

는—참이란 사실을 오래전 영화 <인사이드 아웃>을 통해 알고 있었지만 소설 번역 수업 때의 일로 다시 한 번 깨달았다. 그리고 30회차 상담을 지나온 요즘, 때때로 초기 상담 시간을 추억하면서 이는 실로 진리라고 믿게 됐다. 눈물이 마를 때까지 눈앞의 갑 티슈를 뽑고 또 뽑아댄 뒤에야 나는 나의 모습을 마주할 수 있었다. 상담사도 내가 실컷 울며 속에 있는 슬픔을 비워낼 때까지 기다려 주었다.

가슴속 어딘가에 공기를 빵빵하게 채운 풍선 하나가 들어앉아 있는데, 줄어들기는커녕 갈수록 부피를 늘려간다면 숨이 막히고 온몸이 짓눌리는 듯한 기분에 답답할 것이다. 울음을 쏟아내는 일은 이 풍선 속 공기를 입 밖으로 토해내는 것과 비슷하다. 그러면 여러 감정들로 더부룩했던 속이 개운해진다.

터질 것 같던 감정의 공기가 울음과 함께 바깥으로 빠져나가야 껍데기를 볼 수 있다. 분노와 슬픔, 격앙됐던 무언가를 빼내야 비로소 본질이 드러난다. 문제를 해결하고 마음의 병을 치료하려면 이 본질을 마주해야 한다. 온갖 먼지와 핏자국으로 더러워진 무릎을 깨끗이 씻어 내야 상처 부위에 정확히 밴드를 붙일 수 있는 것처럼.

참고로 본질은 생각보다 단순하고 사소한 경우가

많다. 예를 들면... 내가 나를 사랑하지 않아서. 내가 나 자신을 용납해주고 이해해주었다면 날 제대로 알지도 못하는 사람들이 떠들어대는 말 따위 귀담아듣지 않았을 텐데. 누군가가 내게 초라하다 말하면 참을 수 없이 분노하면서, 나는 왜 내게 끊임없이 초라하다 못박는 걸까. 비판을 넘어 비관을 일삼고 무엇 하나 제대로 해내는 것이 없다며 구박하고 미워하는 걸까. 고로 해답도 단순하고 사소한 경우가 많다. 있는 힘껏 나를 사랑해주기. 자기 연민과 합리화에 함몰되지 말되, 자신을 세워주고 다독여주는 나만의 편이 되어 주기. 내가, 나에게.

운다고 눈앞의 상황이 바뀌지는 않는다. 해결되는 것도 없다. 울기만 했으니 당연한 일이다. 그러나 한 가지는 달라진다. 덕지덕지 붙어 있던 감정들이 벗겨지고 진짜 얼굴이 드러난다. 문제의 본질과 그것을 바라보는 '나'의 태도, 감정, 생각이 드러난다. 마음을 건강하게 하기 위한 첫걸음도 여기서부터 시작된다.

상담실에서 울고 나올 때마다 몸은 지쳤지만, 기분이 좋았던 이유는 진정한 내 모습을 발견할 수 있기 때문이었을 것이다.

종결을 생각하며

빠르게 저무는 해를 야속하게 바라보며 고독과 죽음에 대해 자주 생각하던 때였다. 우울함이라는 덩어리가 내 어깨를 짓눌렀고, 더 이상 견디지 못한 나는 제발 구해달라는 심정으로 찾아간 상담소에서 착실하게 아픔을 꺼내고 눈물을 흘렸다. 그리고 언젠가 이 눈물이 마르는 날, 아니, 마르지는 않더라도 조금 더 단단해진 마음으로 세상을 바라볼 수 있게 되는 날에 상담을 마무리 짓게 될 것이라 어렴풋이 생각했다. 그리고 한 해가 지나 다시 가을을 맞이하고 있는 지금, 그날이 머지않았음을 직감한다.

마음 치료에는 엑스레이 같은 것이 없어서 뼈가 잘 붙었는지 뒤틀린 곳은 없는지 확인할 수 없다. 그저 생각을 거울 삼아 최대한 세밀히 들여다볼 뿐이다. 혹은 이전보다 시선을 덜 신경 쓰는 자신을 뜻밖의 순간에 발견하거나 '얼굴이 밝아진 것 같다'는 타인의 말로 상태를 가늠해볼 뿐. 사실 나의 직감도 이런 주관적인 척도에서 비롯됐다. 객관적이지는 않지만, 실제로 이전보다 단순해진 나를 발견하고 있다. 시간이 갈수록 나와 타인의 다름을 인정하고 있으며, 나의 삶의 주체는 내가 되어야 한다는 사실을 이해하면서 일상을 단단히 빚어가고 있다.

종결을 생각하며, 삶을 끊임없는 '할 일 목록'의 연속으로 바라보지 않고, 조금 많이 긴 '산티아고 순

례길'로 생각하고 싶다. 내가 순례자라면—아직 걸어보진 못했지만—첫날부터 무리하는 실수는 절대 하지 않을 것이다. 일단은 매일 성실하게 하루의 분량을 걸어야겠지. 그러다 익숙해지면 비슷한 듯 다른 풍경에 시선을 주기도 하고, 무료한 기분이 들 땐 노래를 부르기도 하고 함께하는 낯선 이와 이야기도 나누어 볼 것이다. 그러다 지치면 하루 정도는 조금 더 쉬는 데 할애하기도 할 테지. 한 번뿐인 여행을 기억에 남을 만한 일로 만들기 위해 최선을 다할 것이다. 집으로 돌아가면 이때를 그리워할 게 분명하니까. 그리고 분명히 일상을 여행하듯 살아가리라 다짐할 것이다.

그런데 어째서 살다 보면 시야가 넓어지기는커녕 마음만 좁아지는 것일까. 아무것도 모른 채 세상에 왔듯, 우리는 또다시 예측할 수 없는 어느 시기에 세상을 떠나게 될 것이다. 그렇다면 시간이 없다. 힘을 내서 세월을 아끼고, 지금을 사랑하며, 이 순간 존재하는 나를 많이 좋아해주기에도 바쁘다.

힘이 있는 사람은 몇 번의 연습만으로도 패들보드 위에 바로 선다. 그렇지 않은 사람은 발을 올리는 순간부터 전신이 덜덜거려 기초 체력을 키우는 시간부터 갖는다. 내게 상담은 후자에 속했다. 작은 공간에서 끊임없이 내 이야기를 터놓는 것은 위로를 수집하기 위한 서사를 쌓는 것이 아니라 나도 몰랐던 내 모습을 찾아 그것을 조금 더 좋은 방향으로 다듬는 작업이었다. 속절없이 흘러가는 시간들을 더 행복하게 보내도록 연습하는 일. 어느 정도의 연습을 마치고 실전에 나서면, 변함없이 나를 부정하는 듯한 말이 파도처럼 덮쳐 온대도 용감히 방패를 들어 올릴 수 있기를 원한다. 그때는 어떤 기분이 들까. 그것을 해낼 땐 다른 의미의 눈물을 흘리지 않을까. 마침내 버티어 선 내 자신이 못내 대견하고 신기해서 아주 큰 소리로 웃고 있을 것 같다. 동시에 울고도 있을 것 같다. 기뻐서 울 수밖에 없는 것이다. 결국에는 해내고 이겨내는 어느 스포츠 영화 속 주인공처럼.

내 속을 뒤집어내도 좋을 장소가 사라진다면 무척 슬프겠지만, 기쁜 마음으로 종결의 날을 기다려 본다. 나의 내면 아이에게도 자립의 기회가 허락돼야 할 테니.

나가며

이 원고를 세상에 내놓는 것이 옳은 일인지를 인쇄 직전까지 고민했다. 결국엔 꺼내고 말 거란 사실을 알면서도 거듭 재고했다. 수백 번을 머뭇대다 마침내 종이 위로 옮겼다. 그 이유는 당신이 짐작하는 바와 같을 수 있다.

어느 봄, 이 세상을 이루는 것은 한 사람의 지극히 개인적인 일상이라고 생각했다. 여행 간 이야기, 밥 해 먹은 이야기, 살 뺀 이야기, 운동한 이야기 등. 이런 사소한 이야기들이 모여 공감과 소통을 만들어낸다고 믿었다. 그렇다면, 사소한 이야기의 범주에 나의 우울한 이야기도 포함될 자격이 있다고 믿기로 했다.

사소한 이야기의 매력은 '사실은 나도 그래'에 있다. '나 오늘 이런 걸 했어. 그래서 내 기분이 이랬어.' '아 진짜? 있잖아, 사실은 나도 그랬어.' 혼자가 아니었음을 알게 해준다. 그래서 누군가는 궁금하지도 않을 나의 우울한—우울했던—이야기를 써 보기로 했다.

나는 여전히 운다. 당신처럼 무료함과 허무함과 울적함에 풍덩 빠진다. 그러나 깊이 내려간 만큼 높이 올라올 수 있게 됐다.

우울은 나의 삶을 바로 세워가기 위해 마시는 쓴 물약 같다. 그래서 나는 앞으로도 종종, 힘껏, 즐겁고, 건강하게, 우울하며, 성장해 가고자 한다.

증보판에 보태는 글

"너무 생각하지 마. 그냥 둥글게 살어. 너라도 그래. 그냥 하루하루 건강하게, 아프지 말자. 우리 재밌게 지내자구~ 깔깔깔."

어느 날 아침 겸 점심을 준비해주시던 엄마가 하신 말이다. '어느 날'에만 한 말은 아니긴 하다. 요즘 우리는 조금 더 빈번하게, 진심으로 이런 말을 주고받고 있다.

증보판을 준비하는 사이 나는 한 번 더 무너졌다. 아주 많이 괜찮아졌던 만큼 조금 더 깊이 주저앉았다. 무엇을 그만하고 싶은지도 모른 채 다 그만하고 싶었다. 아니다. 어쩌면 정확하게 알고 있었을 것이다. 내가 속해 있는 모든 환경으로부터 나의 존재를 지우고 싶었다. 그러면 화가 날 일도 없고 서운할 일도 없으리라. 그들은 내 삶에서 빠질 생각이 없어 보이니, 내가 빠지면 될 일이다. 나는 돌아서면 확실하게 돌아서는 타입이라서 이번에는 단단하게 마음을 먹었다. 이미 앞에서도 말했던 것처럼, 나름대로 많은 시간을 지나왔음에도 여전히 나는 같은 문제로 넘어졌다는 생각에 속이 상했다. 나는 이제 이런 패배감도 느끼기 싫으니까 주변을 모두 정리하고 싶었다. 일도 안 하면 될 것이고, 싫은 사람은 서로의 얼굴을 안 보면 될 일 아닌가.

그래서 성공했느냐, 못했다. 아무리 난리를 쳐도 바꿀 수 없는 게 현실이라더니. 달라진 것은 없다. 하지만 모르는 사이 자고 일어날 때마다 나의 기분은 조금씩 가벼워지고 있었던 것 같다.

이 사실을 확실하게 느낀 것은 시간이 충분히 흐른 어느 날의 아침이었다. 그날 아침을 맞이하기 전날 밤에는 나 자신에게 이런 고백을 했었다.

'와, 진짜 다 재미 없다. 삶이 어쩜 이래. 진짜 더럽게 재미 없네.'

내 삶은 재밌어야 했다. 그래야 먹고살 수 있고, 버틸 수 있으니까. 또 그래 보여야 하니까. 하지만 그렇게 내뱉은 말이 어두운 동굴 문을 여는 열쇠였던 듯하다. 내가 내 입으로 터부(taboo)를 깬 것이다. 마음을 모래성에 비유한다면, 지금은 무너진 모래성의 모래들을 모으고, 그 위에 물을 조금씩 부으며, 다시 형태를 잡아가고 있다.

몇 개월의 노력 덕에 씩씩하고 건강해졌다는 말을 하고 싶어서 책을 만들지 않았다. 삶은 주저앉기와 일어서기의 반복이다. 우울하지 않을 방법을 알려주고 싶은 것도 아니었다. 나는 그런 것은 모른다. 그냥 어느 평범한 사람의 우울한 이야기를 쓰고 싶을 뿐이었다. 상담사와 이야기하는 걸 망설이는 사람이라면 이런 얘기나 하며 처울다 나오는 사람도 있으니 용기를 가지라는 말은 하고 싶었다. 듣고 말하는 사이 내가 누구인지 발견하는 경험은 생각보다 기분이 좋다. 나는 나의 우울함을 세상에 고백할 줄 아는 솔직한 사람이란 오만함 정도는 부려 보고 싶었다.

나의 일지가 읽는 이에게 무엇을 가져다 줄지는 알 수 없다. 이제 이 이야기들은 나의 것만이 아니다. 하지만 이것은 확실히 전해졌으면 좋겠다.

나는 우울이 나를 단단히 세워가는 과정에 포함된다고 생각한다.

내가 사랑한 화요일 Dear My Beloved Tuesday

초판 발행   2023년 4월 1일
(SPT22판 발행 2022년 11월 7일)

지은이   정재이   @jaeitamin_
펴낸곳   언디클레어드   @undeclaredpublish

ISBN   979-11-982618-0-9

syjeong0517@gmail.com
ⓒ정재이